EFFECTIVE
TEACHING
RESEARCH

有效教学研究

"351"学习体系

许斐 /主编

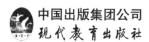

中国出版集团公司
现代教育出版社

图书在版编目（CIP）数据

有效教学研究："351"学习体系 / 许斐主编 . —
北京：现代教育出版社，2017.1（2023.3重印）
　ISBN 978-7-5106-4905-9

　Ⅰ. ①有… Ⅱ. ①许… Ⅲ. ①教学研究 Ⅳ.
① G420

中国版本图书馆 CIP 数据核字 (2017) 第 017015 号

有效教学研究
──"351"学习体系

主　　编	许　斐
责任编辑	魏　星
封面设计	敬德永业
出版发行	现代教育出版社
地　　址	北京市朝阳区安华里 504 号 E 座
邮政编码	100011
电　　话	(010) 64251036
传　　真	(010) 64251256
印　　刷	北京市华审彩色印刷厂
开　　本	170mm×240mm　1/16
印　　张	14
字　　数	300 千字
版　　次	2017 年 3 月第 1 版
印　　次	2017 年 3 月第 1 次印刷　　2023 年 3 月第 2 次印刷
书　　号	ISBN 978-7-5106-4905-9
定　　价	36.00 元

编 委 会

主编：许 斐

编委：蔡丽花　滕美丽　刘 蕾　马海燕

　　　曲晖晶　潘 红　李 艳　姜 华

　　　苗玉平　杨颖姝　王晓燕

前　言

　　高中阶段是学生心理、生理逐渐成熟，走向独立生活的过渡时期。认知、情绪情感、意志行为三方面的进一步发展，为高中生的学习过程奠定了良好的心理基础。他们在自主学习方面出现了长足的进步，但由于他们的心理发展并未完全成熟，在实际的学习过程中难免存在一定的问题。例如，虽然高中生的自我意识有所提高，但他们往往对自己做出过高或过低的评价，一些同学还不能根据自身的实际情况制订合适的学习目标和学习计划；认知水平的提高使他们对自身的学习情况有了一定的了解，但却不能很好地根据学习结果对学习行为做出相应的调整。当学习情境发生变化时，他们往往显得无所适从；高中生注意力的稳定性和集中性有了很好的发展，但在听课过程中，在注意分配上他们常常捉襟见肘；他们的情绪体验深刻且强烈，每当遇到诸如成绩下滑、受到老师批评等问题时，无法尽快调整自己的消极情绪，导致学习效率低下；他们在学习中的主动性有所提高，但在执行自己制订的学习计划时，往往半途而废；面对自主学习时间，不能做出合理的规划，造成时间的浪费……总之，在实际教学中，我们发现，包括优等生和特优生在内，很多学生"不会学习"，或者说他们缺乏对自己学习流程系统的反馈和指导。鉴于以上考虑，经过近三年的研究和实践，我们的"351"学习体系应运而生，作为有效课堂教学的载体，希望能给广大的一线教师提供一些建议和帮助。

　　在学生诸多学习行为中，预习、听课、作业贯穿了学生学习生涯始终，并成为最终影响其学习效果的决定性因素。该体系把自主预习、高效听课、科学作业作为学习体系的主体框架，在对学生加强指导的同时要求学生在学习中对学习过程、学习方法做出监控、反馈和调节，并在学习活动后，对

学习结果进行自我检验、总结、评价和补救，从而最大限度地提高学习效率。在构建学习体系支撑部分时，我们就一直在思考，要想使学习过程三环节——预习、听课、作业最大限度地发挥作用，必须注重对学生学习能力和学习品质的培养，给学生以学习方向的引领。一系列心理与学法课程的开设对学习体系主体部分起到了很好的补充和完善作用，使整个体系更加趋于合理，更有成效。而在学习体系载体部分中，各学科也加强了对学习方法的渗透和指导。总之，"351"学习体系的三个组成部分不是孤立存在的，而是相互依存、相互促进，协调发展的。通过帮助学生明确学习目标、培养学习习惯、优化学习方法，进而促进学生学习能力的提高、学习品质的改善。这种体系不仅是一种外显的操作程序与步骤，也可以成为内化在学生心中的内隐的规则系统。

在"351"学习体系整体框架中，既包括对学生学习流程的监控、学习能力的培养，还包括各学科学习方法的指导。体系庞大，分支多，如果没有全体教师的积极参与，很难进行有效地实施。在构建的初期，一群理念先进、教学经验丰富、踏实肯干的中青年教师组成"351"团队，在两个多月的时间里，开发出了10多万字的各种课程和学法的指导材料，为后期"351"学习体系的有效实施奠定了基础。

在具体学习体系推行的过程中，我们也是分工明确，全体参与。其中，主体框架部分学习过程监控"三步五环一评价"的推动主要由班主任老师通过主题班会的形式对学生进行指导，学生根据开发的学习量规设定层级目标，通过自我监控、自我反馈提高学习过程三环节的有效性。而以学习素养提升"三能力五品质一规划"支撑部分则是通过开设《心理与学法》课程进行实施。在每一部分的课程实施方案中，对实施目的、形式、课时以及具体的课时内容都进行了详细的说明。在课程的具体实施过程中，我们采用实验班和对照班相对比的形式，同时对每个班级进行了前测和后测，对数据进行全面分析，力求整个研究过程科学有实效。载体部分的学科方法指导"三习惯五方法一素养"，则主要通过学科教师在学科教学中渗透相关的内容。这样通过全员参与、学科联动的方式，学习体系的各项内容得以有效实施，实施后的效果也逐渐显现出来。

由于是初次的尝试和探索，"351"学习体系实施以来，我们经常召开阶段团队会议，及时发现实施中的问题，并不断地修正和完善。研讨会议上，我们就实施过程中一些好的做法和困惑进行了交流，最后达成共识：学习体系的构建一定要服务于"教"和"学"，应根据教学的实际及时调整"351"学习体系框架之下的具体的课程安排。例如，模块考试刚刚结束，一些同学不能正确地面对考试的结果，情绪低落，此时开设《考试让我欢喜让我忧》课程，帮助学生调整情绪状态；期末大规模复习的时候，举行思维导图大赛，对知识进行总结和梳理，既帮助学生巩固加深记忆，又能适度减轻学生的学习压力。在经过一段时间的学习策略和学习方法训练课程之后，我们把对学生进行前测后测得出的数据进行对比分析，发现以上课程对中上游的学生适用度更大。如何让中下游的学生也得到一定程度的启示，我们团队经过反复研究，又专门邀请了学法指导专家开设心理学法讲座，从而促进全体学生的共同发展。

　　为了配合"351"学习体系的顺利实施，我们还开发了《心理与学法》校本课程。该课程共计23课时，分别涉及高中阶段学生易出现心理困惑的四个方面：学习问题、人际交往问题、适应环境问题、自我意识问题等。它既可以作为教师上课的参考教材，又可以作为学生的自学手册，对学生心理起到自我保健作用。

　　本书摒弃了一些司空见惯的理论阐述，而是从"实战"出发，从具体的做法入手，具有很强的实践性和操作性，恭请广大同仁和作者朋友批评指正！

许　斐

2016 年 11 月

目 录
CONTENTS

第一部分 "351" 学习体系解读

一、"351" 学习体系构建背景

长期以来，在我们的教学中，存在这样的误区，我们大多数的教师和家长习惯于把考试成绩作为衡量"优生"和"差生"的标准，认为他们的差距就在于知识方面，所以面对这样的学生采取的措施就是缺什么、补什么，课上课下加大监管力度，周末鼓励学生参加各种课外辅导班、补习班。教师累、家长累、学生更累。但多年的实践证明效果并不好，短时间内或许对一部分学生能起到一定的效果，成绩也有所提升，但真正有长足进步的少之又少。一些学生反而更加厌恶学习，甚至对学习产生恐惧心理。要想从根本上解决这些学习困难的问题，我们必须从他们学习困难的原因进行分析，对他们来说，主要是缺少学习动力，学习态度不端正，不具备相应的学习能力，即很多学生并不清楚自己"为什么学""学什么""怎样学"。其实不仅仅对于学困生，对于大多数学生来讲，都需要帮助他们提升学习能力。一些教育家都预言：未来的文盲将不是目不识丁的人，而是那些没有掌握学习方法、不会学习的人。"教会学生学习"已成为当今世界流行的口号。

近几年，很多中小学对学生进行学法方面的指导，开展学习方法的教学，取得了一定的成果，但也存在着不少问题：将学会学习简单地等同于掌握学习方法，更多地从教师角度出发来谈学习，忽略了对学生学习过程的监控能力培养；忽略了对学生非智力因素的开发和潜能的挖掘等。要使学生真正地学会学习，就要以高中生心理发展特点为出发点，再结合元认知理论的研究成果，把对学生学习方法的探索提高到一个新的研究水平，因此，"351

1

学习体系"应运而生。该学习体系的重要落脚点，在于引导学生在学习活动之前，根据自身情况设置学习目标，制订学习计划，为学习做好充分的准备；在学习过程中，对学习进展、学习方法做出自我监控、自我反馈、自我调节；在学习活动后，对学习结果进行自我检查、自我总结、自我评价和自我补救。各个环节紧紧相扣，给高中生的学习过程提供了一个可操作、可评价的范本。同时，在此过程中，还注意学生学习方法的培养和良好学习习惯的养成，开发学生的非智力因素，挖掘他们的潜能，最大可能地调动学生学习的积极性和主动性。

二、"351"学习体系概述

所谓"351"学习体系，就是围绕自主预习、高效听课和科学作业三流程，以学习过程监控"三步五环一评价"为主体，以学习素养提升"三能力五品质一规划"为支撑，以学科方法指导"三习惯五方法一素养"为载体的学习体系。其中，元认知贯穿于该学习体系的各方面——以一定的元认知知识为手段，在学习的各个阶段产生有关元认知的体验，同时帮助学生对自己的学习过程进行监控、调节和评价。

（一）主体部分：学习过程监控的"三步五环一评价"

三步，指围绕三大学习流程的三个步骤"学习前准备—学习目标设定—学习过程设计"；五环，体现的是学习过程的五个环节；一评价，指监测学习过程和效果的评价体系。

图解：

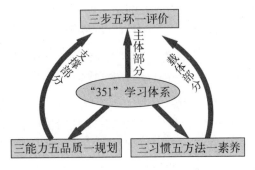

图 1-1 "351"学习体系图

1. 三步

（1）学习前准备：根据预习、听课、作业的不同定位，做好学习前的各项准备工作，如知识上的准备、心理上的准备、环境准备等。乍一看这像是浪费时间，用做准备的时间来投入学习不更好吗？直接开始学习不更好吗？其实，做了充分的学习前的各项准备工作，往往会收到事半功倍的效果。做好学习前的准备是高效学习的前提。

（2）学习目标设定：学习目标是"学习中学习者预期达到的学习结果和标准"。学习目标具有导向、启动、激励、凝聚、调控、制约等心理作用。预习、听课、作业、明确学习目标、设定对学生学习活动合理紧凑的安排，对学生学业成绩的提高都会产生积极的影响。

（3）学习过程设计：学习过程是一个由课前预习、课堂落实、课后作业三大环节组成的前后相继、环环相扣的完整链条，也就是说，缺乏任何一个环节都会直接影响到学生的学习效果。每一个学习过程中五个环节的设计，旨在引导学生形成良好的学习行为习惯，学会学习，学会观察，学会倾听，学会思考，从而最大程度地提高学生学习效率。

2. 五环

五环指三大学习流程分别对应五个环节的指导。

表 1-1　三大学习流程五个环节点

学习过程	环节
自主预习	初步标注—初步认识—初步质疑—初步建构—初步应用
高效听课	认真倾听—思考质疑—积极参与—宏观建构—情感提升
科学作业	简单作业—认真作业—自查作业—效率作业—发展作业

3. 一评价

一评价指监测学习过程和效果的评价体系建构。高效的学习要求学生在学习中，对学习过程、学习方法做出监控、反馈和调节，并在学习活动后对学习结果进行自我检验、总结、评价和补救。预习、听课、作业学习过程评价量规，能够促进学生对任务目标的理解，使学生明确学习过程中需要注意的细节，并把正在进行的学习活动作为意识对象，不断对其进行积极自觉的计划、检查、评价、调整，以减少学习活动的盲目性、冲动性、不合理性，

3

从而提高学习效率和学习成功的可能性。

（二）支撑部分：学习素养提升的"三能力五品质一规划"

1.三能力

所谓学习能力，是指个体所具有的能够引起行为或思维方面比较持久变化的内在素质，必须通过一定的学习实践才能形成和发展。学习能力是多方面的，它包括注意力、观察力、思考力、应用力、记忆力、想象力、创造力等。它们直接参与学习活动，是提高学习效率和取得好成绩的必要条件。通过记忆力、创造力以及时间管理能力三个课程体系的开发与实施，进一步培养学生良好的学习品质，进而提升学习过程的有效性。

2.五品质

学习品质是指个体参与学习活动的心理特征的总和。主要是指非智力因素，如学习动机、态度、习惯、方法、意志等，通过影响智力活动进而影响学习的过程和结果，它是学习活动的动力调节系统。良好的学习品质能保证学生学业水平的提高和学习能力的发展，会使人受益终生。

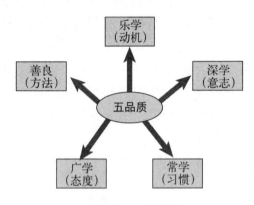

图1-2　五品质图

3.一规划

高中生只有先正确地认识自己的学习习惯、学习能力和个性特点，并正确认识学科的特点，认识到自己的思维特点，了解自身的学习兴趣及爱好，认识到自己同他人在认知方面以及其他方面存在的种种差异，认识到自己在学习中的优势与劣势，才有可能自主地确立适当的学习目标、制订有效的学习计划、选择合适的学习方法，顺利完成学习行为。高中生职业生涯规划指导课的开设正是满足学生这一方面的需求，为学生的可持续发展提供有力保障。

（三）载体部分：学科方法指导"三习惯五方法一素养"

学习方法指导是指教师通过一定的途径使学生掌握科学的学习方法，并灵活运用于学习之中，逐步形成较强的自学能力。学法指导是培养学生的学习能力的核心因素。法国数学家笛卡尔说过："具有价值的知识是关于方法的知识。"学生掌握好的学习方法将会极大地调动学生学习的积极性和主动性，提高学习效率，从而收到好的学习效果。

表1-2　三习惯五方法一素养表

学科	三习惯	五方法	一素养
语文	记的习惯 读的习惯 写的习惯	巧记录 巧记忆 巧学文言文 巧用课本 巧观察勤思考	学科基本素养是学生或学者在本学科内所具备的基本专业素质，这些素质是通过长时间的专业训练所形成的专业思维，通过这种思维促成基础知识的积累，增加基本专业技能，形成专业基本经验，从而实现某门具体学科所要达到的基本目标。包括学科基础知识、基本技能、基本经验、基本品质、基本态度等几个方面
数学	培养数学思维习惯 建立改错本习惯 勤提问习惯	配方法 数形结合法 分类讨论法 待定系数法 换元法	
英语	听的习惯 说的习惯 积累的习惯	背单词见缝插针 读文章利用语境 听、读材料培养语感 记句型创造得体美文 学语法借助理科思维	
物理	善于观察的习惯 勤于思考的习惯 乐于动手的习惯	借助作图明题意 归类学习清思路 个性纠错提效率 隐含条件助审题 "物理方法"高境界	
化学	规范使用化学用语的习惯 归纳总结的习惯 多思多问的习惯	观察实验法 比较分析法 巩固复习法 主线串联法 规范答题法	
生物	观察的习惯 联系的习惯 绘图的习惯	列表比较法 串联知识法 寻找规律法 先记后思法 准确解题法	

续表

学科	三习惯	五方法	一素养
政治	关注时政的习惯 主动参与的习惯 辩证思维的习惯	体系学习法 联系实际法 结网复习法 有意记忆法 效率答题法	
历史	阅读历史教材的习惯 "听""思""记"听课习惯 及时反思、整理习惯	对教材知识自我整理的方法 提高历史记忆的效果的方法 简化概括历史知识的方法 "一审二读三链接四答"的 答题方法 隐形知识学习方法	
地理	养成运用地图的习惯 养成实际应用的习惯 养成先思后记的习惯	读图分析法 地理记忆法 纵横分析法 归纳总结法 规范答题法	

第二部分 "351"学习体系实效分析

　　"351"学习体系的构建实施既符合高中生的心理发展水平，又结合了元认知的相关理论，把对学生学习方法的探索提高到了一个新的高度。实施近两年来，取得了显著的效果。下面主要从数据分析、学生分享、教师评价、取得成果四个方面进行分析。

一、数据分析

　　伴随着"351"课程体系的实施，为了考查该体系的有效性，我们以高二学生为研究对象，做了多次问卷调查。

　　首先，我们开设了有关学习策略和学习方法的教学，包括自主预习指导、高效听课指导、科学作业指导，其中，也渗透了认知策略、元认知策略和资源管理策略的方法指导。在严格控制额外变量的情况下，自编调查问卷，对该课程实施的有效性进行测量。

　　从总体上来看，通过前测与后测的对比，后测中各维度得分均高于前测得分，尤其表现在干预后，高二学生在元认知策略、资源管理策略、学习态度、上课听课、课后作业几个维度上，后测得分显著高于前测得分。具体分析来看，干预后，高二学生在小组合作参与度、学习迁移、制订学习计划方面，后测得分也显著高于前测得分。从人口统计学角度来看，女生在认知策略、元认知策略、资源管理策略、上课听课、课后作业等方面均高于男生；文科班在认知策略、元认知策略、资源管理策略、上课听课、课后作业等方面均高于理科班；上游、中游学生提升幅度最大。综上所述，我们针对

"351"学习体系的主体部分开发的学习策略与学习方法的教学取得了一定的成果，通过分析也证实了该训练课程对高中生有一定的适用性和实效性。但是，我们在看到成绩的同时，也认识到了不足之处：高二学生在课前预习方面提升幅度不大，中下游同学提升幅度较小。因此，在以后的课程中，我们将在课前预习方面对学生进行重点培训；针对中下游同学的实际情况，对他们进行更有针对性的指导。

其次，针对高中生时间管理能力薄弱、零碎时间利用率低、不善于制订学习计划、学习效率低下等问题，开设时间管理训练课程对其时间管理能力进行干预。经过 7 次的干预之后，再对实验班和对照班进行后测，对比两次测验结果，我们得出以下结论：(1) 干预后，实验班在时间监控观上的得分显著高于对照班。(2) 实验班在干预后，在时间监控观上的得分高于干预前得分，在时间效能感的子维度——时间管理行为效能上，干预后得分高于干预前得分。(3) 时间管理倾向训练方案对于提高学生的时间管理技能是有效的，尤其在提高高二学生的时间监控观方面是有效的。

同时，为了帮助高中生了解自己的兴趣、爱好，增强自我意识，为未来提前做好准备，我们还开设了《高中生职业生涯规划》课程，并对其做了相关的问卷调查。采用了由林香君（1992）编制，后经陈金定（1987）修订的《生涯决定量表》，该问卷包括自我概念、自我信心、目标修订与达成、选择与矛盾四个分量表，共 26 道题，量表采用五点计分制，从"非常符合"5 分到"非常不符合"1 分，得分越高，说明生涯定向程度越低。该量表的内部一致性系数为 0.960，具有较好的信度。经过 5 次课程干预后，学生在四个维度上得分显著高于干预前得分；高中生职业生涯规划课程在帮助高中生明确人生目标、增强自信、正视自我等方面是有效且实用的。

二、学生分享

在整个学习体系构建实施的过程中，我们要求学生通过不同的形式记录自己学习过程中的心得体会，审视自己的变化与成长。下面是学生们的体验和感悟的部分摘抄。

【学生 1】这学期在一些课程上我学到非常实用的学习方法，有一些方法对我的学习有指导性的作用，比如，在上课听课时应该注意的问题，如何做到前置性学习。在学习了学习金字塔之后，我认识到什么样的学习才是更高效的学习。在日常生活中，我要更积极地参与到小组合作中，并且通过给别人讲题来提高自己。

【学生2】心理与学法课不仅使我放松了身心，还学到了很多实用的方法和技巧，现在我每天都会给自己制订学习计划，每天心里都有一种充实感，希望以后还开设这样的课程。

【学生3】在这次训练的刚开始，我记得有一个环节是认识时间，这个环节使我很震惊，原来每个人一生中可以完全利用的时间是如此之少！我也深切体会到了时间的紧迫性。所以，在以后的学习中，我一定会抓紧可以利用的时间，不能再庸庸碌碌了，要学会做时间的主人。

【学生4】我是一个比较内向的学生，不知道能干什么，对未来很迷茫，甚至有时候有放弃读大学的念头。当我在《高中生职业生涯规划》这门课上了解了一些专业之后，我觉得我的性格和我的成绩比较适合"机械制造及其自动化"这个专业，有了目标就有了动力，我会在今后的学习中把数学和物理学好，为未来的专业打好基础。

【学生5】很长一段时间，我都觉得读大学没有什么用，那时甚至天天上课睡觉，当我在训练课上真正认识了大学之后，在听同学们讲述读大学的意义的时候，我发现别人在努力的时候我却在懈怠。我后悔极了，好在"亡羊补牢，为时不晚"，最近一段时间，我为自己制订了一个小小的目标，开始做出一些调整，比如在课上认真记笔记，在小组合作中积极参与。我相信我会越来越好！

三、教师评价

除了从客观上运用问卷调查法对"351"学习体系的有效性进行科学分析外，我们也通过教师的观察来感受学习体系的构建带给学生的影响和变化。以下是我们团队中一位教师的分享。

1.学生们学会了自己对学习进行规划

很多学生在目标明确之后，学习上就更有动力。比如，12班的徐子凌同

学，之前一直对语文不是很感兴趣，每次考试都在九十几分，常常低于平均分 10 分以上。但是，当他明确自己的目标大学后，发现语文成了最拖他后腿的学科，于是他就给自己制订了至少高于平均分五分的学科目标。具体一点，上课认真听讲，做好笔记，下课认真完成作业，及时整理错题；基础知识力争少错，默写绝对不错，作文不能低于 45 分等。有了明确的目标后，他的语文成绩逐渐提升，半年多时间就让自己的语文成绩提升到 105 分以上。

2. 学会了对学科知识系统梳理

上学期期末考试时，我们语文学科引领学生复习诗歌鉴赏答题规律。因为体系庞杂，我们统一给学生印发了表格。但是，后来我发现一部分学生因为感觉表格依然不够清晰，就自己用在心理学法指导课上学到的思维导图的形式重新梳理。8 开的纸上将我们两大页内容（内容分类、常见题型及答题步骤、常用手法等）简明扼要、条理清晰地梳理出来。你想，他们梳理了一遍之后，还会在看到诗歌鉴赏题时一筹莫展吗？而具有这种系统梳理的意识和方法，到了高三复习时，也必定会事半功倍。

3. 养成了及时反思、自我调整的习惯

高一我们就教给了学生如何进行试卷分析，自省自查，自主提升。每次考试或者小测之后，学生们大都会针对自己的试卷进行分析，找出知识性错误、方法性错误、非智力因素导致的失误等各方面所占的失分比例，并据此制订出下一阶段的整改方案，从而让自己的学习更加有效且不断提升。

4. 课堂上更活跃，更具合作意识和质疑精神，学习的自主性更强

小组合作以学生自主学习和合作学习为主，教师只是起到适时点拨的作用。和以前相比，现在的学生在课堂上更加活跃，真正地增强了合作意识，学习过程更自主。一名刚从外地转来，习惯"师说""满堂灌"的学生在起初的两个月里很不适应。"为什么老师上课不是从头到尾给我们讲明白？"当学生习惯了被灌输，那他失去的绝不仅仅是主动展示的激情，还有创造性的思维和自主学习的能力。而我们很庆幸，我们的学生没有失去这些，而且发展得越来越好。

【"351"学习体系——主体部分】

"351"自主预习指导

一、预习的重要性

古人语:"凡事预则立,不预则废。"

叶圣陶先生断言:"要养成学生阅读书籍的习惯,就非教他们预习不可。"

陶行知说:"预习是自求了解的重要步骤。"

著名专家杨再隋教授说:"在学习新知识前,让学生利用一些学习资源进行适当的预习,以建立旧知与新知之间的联系是必要的。"

课前预习既是一种科学的学习方法,同时也是一种良好的学习习惯。只有认识到预习的重要性,才能积极地去实践,并持之以恒,最终养成预习的好习惯。课前预习的重要性超过了我们的想象,如果预习不充分,直接导致课堂上听课的效果差,做作业的速度变慢,课后复习的时间增加,不利于身心健康的全面发展。预习的这个重要环节,是课堂学习的基础,是提高学生学习效率、取得好成绩的前提之一。

二、预习的内涵

预习在《现代汉语词典》中的解释:"学生预先自学将要听讲的功课。"预习是指在教师讲课之前,学生自学新课内容,并做到初步理解。预习的过程就是学生识记知识、独立理解的过程;就是要学生巩固旧知识并做好上课的知识准备的过程;就是凭自己已有的综合能力独立地发现问题、分析问题、尽可能解决问题的过程。

三、预习的好处

1.改变被动的学习局面

如果课前不预习,上课时才匆匆打开课本,对新课内容一无所知,听课完全处于一种盲目被动的状态,听天由命,一节课下来有的听懂了,有的似懂非懂,有的甚至就是听天书。但是,如果课前做了充分的预习,对所学新课有了整体的了解,对新课要讲什么,重点是什么,难点是什么,哪些自己已经掌握,哪些还存在疑惑,对这些都已经做到了心中有数,听起课来就会如鱼得水。

2.提高听课效果

通过预习,可以解决一些自己能弄明白的问题,而对不懂的内容做到心中有数,这样上课时就能集中注意力去听老师讲解;而且疑难处由于自己预习时思考过,再听老师讲解就容易明白。这样,学习内容更集中,目的性更强。同时,由于一部分知识自己已经弄懂,这样就能节省一些时间来更深入地思考疑难问题,归纳并学习老师解题的思路和方法。此外,对于自己预习时已经弄懂的内容,也可以将自己思考、解决问题的方法与老师思考、解决问题的方法相对照,从中得到较大的启发,进一步打开思路,从而加深对已知知识的理解与巩固。

3.提高自学的能力

每一个人将来都要走出学校走向社会,需要接受大量新的知识,这就要求有较强的自学能力。而独立地做好预习就是培养自学能力的最好方法之一。预习一般是独立地阅读和思考。在预习的过程中,学习的不仅仅是科学知识,更是用所学知识去获得新知识的过程,这实际上是在主动进行探索的过程,吃现成包子的人永远也学不会做包子,不经过自学实践,永远也提高不了自学能力,如果一个学生能坚持进行预习,自学能力就会得到提高。

四、预习的过程——三步骤

第一步:预习准备

知识准备:高中学习的知识之间的关联性很强,往往以前学的知识就是新知识的基础，预习时，不要一下子就开始看新知识的具体内容，而要先看看新内容的题目，回顾一下以前相关的知识，同时结合一些常识和推理性思维，思考运用旧知识研究新知识，再有针对性地下手解决新知识。

用具准备：参考资料、导学案、不同颜色的笔、笔记本、必要的模型等。

第二步：明确目标

《塔木德》上说："一位百发百中的神箭手，如果他漫无目标地乱射，也不能射中一只野兔。"可见，明确我们的奋斗目标是多么重要！如果学习没有目标，就如同航海没有灯塔，很容易迷失了方向。预习的目标根据对预习内容的理解程度不同可以分为三个层次。

基础层次的目标：初读和了解新课的主要内容，对所要预习的内容有一个大概的了解，做到心中有数，并与已有的知识建立起联系。

中层次的目标：对新课设计的中心、结构有一定的理解，并找出重点、难点。完成教师在学案中设定的具体的知识性目标，解答出教师提出的问题，完成课后练习或是教师设计的检测题。

高层次的目标：熟悉新课，理清思路，整理出知识体系，提出自己在预习的过程中产生的疑问，提出自己的问题。

在某一次预习过程中确定能够达到哪一层次的目标，应该根据个人的基础和可能用于预习的时间长短而定。

第三步：预习过程——五环节

环节一：阅读教材

①粗读：即用较快的速度浏览教材，观其大略，了解梗概，从而对新课有一个粗略和直观的印象，并对课文中讨论的主要问题做到心中有数。同时，在头脑中搜寻与本节内容相关的知识，做好复习，为进一步的预习本节知识做好准备。

②细读：粗读课文以后，往往会产生一种"欲知后事如何"的感觉，这证明对教材内容的思考已经有了一定的意识指向，它会驱使自己的思维向更深入的方向发展。这时应回过头来从本节课的开头分节细读。在细读中对于重要的概念和定理要"咬文嚼字"似的阅读，只有这样，才会真正理解概念和定理中最关键的字、词、句的特定含义。阅读时可用颜色不同的笔加以勾画，这样有利于区别阅读的层次。不同颜色笔代表不同的见解和意义，能使

理解步步深入。但要注意：有所不画，才能有所画。阅读中也不要到处去勾画，勾画得太多反而有碍于重点的突出。一个善于阅读的人会有一套自定的习惯记号，每种记号很自然地表达了他所要表达的意义，既简便明确，又节省了书写的地方。但有时单靠符号是不能完全表达其意义的，所以在一些重要部分还可写上自己的理解。

环节二：解决问题

①学案中的问题：在导学案中，教师会提出针对本节内容的一些问题，有基础知识的呈现、有知识的整理，还有知识的提升。这些问题并不需要你全部地解答出来，你只需要写出自己认为对的答案即可，在解答问题的时候也可以再次查阅课本，对课本进行有针对性地阅读。同时，将解答不出来的问题写出自己的困惑，自己理解的程度，以便教师在授课时更有针对性。

②自己生成的问题：这些问题是在预习的过程中，经过自己的思考生成的问题，一定要将这些问题记录下来，可以自己查阅资料、上网搜索来解决，也可以上课时问老师。这样既解决了疑难问题又增加了自己的知识量。

环节三：试解习题

经过预习，初步理解和掌握了新的知识，可做练习或解决简单的问题来检验预习效果。

①教材后的思考练习题，是编者根据课标的要求，对教材中的要点和重点的揭示，是帮助理解运用教材内容的。通常先做课本上的习题，通过试解，哪些已知已会，哪些难懂不会，一下子就检验出来了，使预习更具有针对性。

②学案上的达标检测题，这些题目都是经过教师精心挑选的，可以很好地巩固基础知识。在解题的过程中，选择题要把错误的选项订正过来，非选择题尽可能地使用规范的专业术语去作答，形成良好的解题习惯。

③不提倡做其他资料上的题目，因为难易程度很难把握。

教师在对预习作业进行批阅的过程中，可以发现学生对知识的理解程度，思维的误区等。这样教师在上课时针对性就会更强。而你通过对答案也会知道自己在预习中掌握了哪些知识，哪些知识自己认为理解了，但却出现了偏差，错误的原因是什么，应该如何考虑这样的问题，通过练习发现自己的不足，找出自己的薄弱环节，有针对性地把问题带入课堂。

环节四：预习笔记

①将预习中自己已经理解的问题有条理地写下来；

②将预习中自己无法解决的疑点、难点整理出来，以便向同学、老师请教；

③记下在预习中自己对教材重点的预测和估计。

预习笔记的好处是：可以使自己对新知识的认识更深刻更全面，甚至有独到发现。做笔记时要注意：笔记本上可适当留些空白处，以便上课时随时补上老师讲的重要内容。

环节五：记忆基础

即预习的最后阶段，对新课重点知识进行记忆，如重要的词、句和段落，重要的概念、定理和结论等，要求能基本记住。有个中学生记忆东西非常快，一般阅读三到五遍就可以记住一段文章。这其中的奥妙在哪里呢？其实很简单，他采用了尝试再现法。即他把所要记忆的材料看过之后放在一边，然后试图回忆所记内容；接着再回过头来重点看一遍没有记熟的内容，这样反复两三次就基本上记住了所学的内容。这种阅读中的快速记忆法尤其适用于预习中的记忆。因为预习投入的时间不多，利用较少的时间记住一些重要的新课知识，进入课堂学习时，便可以集中精力进行新课知识的理解和运用，听课水平也就相应提高了。虽然快速记忆的有些内容保持时间不长，但在其后续的学习环节中这些知识还将不断得到强化，因而能实现预习中的高效率记忆。

"351"高效听课指导

一、听课的重要性

人生最美好的时间莫过于少年时代，而这个时代的大部分时间是在课堂中度过的。一年中，我们有 9 个月在学校中度过。上学的每天 24 小时，除去

吃饭和睡觉的时间,大概有 13 个小时,而大概有 8 个小时是在听课中度过的。如此美好的时间如果我们没有认真听课,而在虚度光阴,岂不是浪费了我们的生命?

我们常常在课堂上看到这样的一幕,教师兴味盎然地上课,学生兴致勃勃地发言,课堂上好一番热闹景象,绝大部分学生都积极地参与课堂,无疑这是一节好课。可课后,针对课堂内容设计相关问题考核学生,却发现有相当一部分学生的回答与教师的预期相去甚远。教师不禁要问,课上学生都听了呀,怎么会……在这"热闹"景象的背后,到底隐藏着什么,你真的会听课吗?

课堂教学是一种集体学习的形式,教师讲课面对的是班级内的全体同学,不可能照顾到每位同学的情况,所以,同样一节课,会听课的同学与不会听课的同学收获肯定不一样。

二、听课的内涵

美国语文教学研究会主张用社会概念"倾听"来代替简单的"听课"一词。倾听能力是指听者理解言者口语表达的信息和能在头脑中将语言转换成意义的能力。倾听能力的构成是:专注的倾听习惯;倾听过程中的注意分配能力;对倾听内容的辨析能力;在各种倾听环境中,排除外界干扰的能力。具体说来,倾听者必须听得准,理解快,记得清,并具有较强的倾听品评力和组合力。

三、听课的目的

第一,接受我们所在的国家和社会的教育体制下的正规学校教育,逐步完成学业,参加高考;第二,系统地学习语文、数学、英语、理化生、政史地等科目,并逐步形成自己的学习和思维能力;第三,有机会与老师、与同学相处,进一步完成社会化的过程;第四,通过各种活动培养正确的人生观、价值观;第五,最终发展成身心健康、智力充分发展、社会功能良好的全面发展的人。

更具体地说：第一，学会语文，会讲会写，才能表达自己的思想；第二，学会思考，才能表现自己的智慧，解决问题；第三，学会算，才能从现有的当中选最好的；第四，学会爱，才能与人相处好；第五，学会成功的感觉和习惯，并愿意为此做充分准备、全力发挥、挑战自己的极限，最终形成习惯；第六，学会解决问题、应对变化、适应环境。

四、听课的过程——三步骤

听课准备

（1）心理上的准备

上课前的心理准备十分重要，决定了你课堂学习的效果。如果你一想到上课就难受，一见到老师进教室就反感，对上课是消极的态度，这节课自然不会有什么收获。但如果你一想到上课就很高兴，一见到老师进教室就为能多学新的知识而兴奋，对上课是积极进取的态度，这节课的课堂效率肯定很高。每个同学都要分析一下自己的心理状态，并找找原因所在，把心态调整为积极进取的心理状态才算做好了听课前心理上的准备。

（2）身体上的准备

在学校里上课学习，需要拥有充沛的体力和旺盛的精力，所以听课之前要做好身体上的准备。一日三餐要吃好，尤其是早餐不能草草了事，否则上午的课程你很难集中精力。每天晚上要保证充足的睡眠，中午尽量睡个午觉，为下午的课程做好准备；课间休息要走出教室呼吸一下新鲜空气，活动一下身体，换换脑筋。

（3）知识上的准备

知识上的准备即课前预习，主要要做到知新和温故。具体预习方法见"威海一中（58级）'351'高效听课模式"。

（4）物品上的准备

上课之前要做好物品上的准备，即准备好本节课所需要的课本、笔记本卷、多色笔等物品，以便自己能够马上跟随老师进入学习状态。

设定目标

方向比努力更重要，要想达到听课的高效率一定要明确听课的目标。这

17

个目标包括 3 个层次：

明确本节课的目标：首先通过预习明确这节课的重点、难点及学习目标。在老师设定的目标基础上，可以根据自己的情况来设定个性目标。如学习能力较高的同学可以要求自己当堂消化并记住所学知识，并能提出问题。

设定发展的目标：在总目标的指引下可以设定阶段目标，比如，本学期我要比上学期在哪些地方有所进步？比如，敢于主动回答问题，上课注意力集中的时间更长等。

思考学习的总目标：从高一开始就要思考自己学习的总目标，比如，通过高中的学习我要掌握哪些课程的知识，培养自己哪些方面的能力，为将来的进一步发展做出哪些努力。这个总目标要经常放在心中，而且随着学习的深入有所调整。

听课过程——五环节

环节一：倾听要领

（1）注意听：首先要克服外界的干扰，专心听清老师对知识点的讲解，听准老师提出的问题，听好其他同学的发言、提问，做到不漏听、不错听。

（2）注意看：听的过程中还要调动视觉，低头看好课本，抬头看清老师的板书、表情，课件上的图表。声音信息结合上图像信息，可以直观地强化具体的知识印象。

（3）抓住要领："听课"并不是要全神贯注倾听老师说出的每一个字，而是根据学科特点来掌握分析解决问题的要领。知识内容的关键一般指基本概念、基本原理、基本关系式以及公式、定义。当老师讲解这些关键知识时，你一定要特别注意，紧跟老师的思路。

环节二：动脑思考

孔子说"学而不思则罔，思而不学则殆"。思考应该紧跟你的"倾听"之后，甚至藏于"倾听"之中，做到"想到"。

（1）思考老师提出的问题：教师在课堂上，经常通过一系列具有启发性的问题，来引导学生思考并得出重要的规律或结论。这样的思考问题是你在课堂上首先需要好好动脑思考的，只有参与每一次的问题思考，并在老师讲解或提问其他同学之前先得出自己的结论，你才能更好地理解并形成自己的思想。

（2）思考老师的分析过程：各门学科的内容体系、发展思路、训练要求以及教的方法各有特点，在听课时要多思考老师是如何进行分析的。如物理、化学、生物课要特别注意观察和实验，在获得感性知识的基础上，通过思考来掌握科学概念和规律。数学要通过大量演算、证明等练习获得数学知识，培养出数学思维能力。语文和外语在听课时，应主要抓住字、词、句、篇等方面的知识点，并且通过听、说、读、写来提高阅读和写作能力，以便更好地理解和掌握语言和文字。

（3）思考自己与老师、同学之间的差别：在课堂中，经常会形成自己的想法或某道问题的答案，要多思考自己的思路与其他同学的回答、老师的分析之间的差别，只有通过不断地找差距才有完善的机会，才能一点一点让自己的思路更加清晰。

环节三：大胆质疑

人们知识的获得和能力的发展都是在不断的质疑中实现的。"听到"和"想到"之后要大胆地问几个为什么，产生的问题要根据情况处理。

（1）当即提问：如果老师在讲课过程中，出现了影响理解的失误或者这样的方法大部分同学都感觉很难接受的时候，可以大胆地代表其他同学当场打断老师的讲课，提出自己的疑问。当然，提问时要先举手，得到老师的允许之后，才能提出自己的问题，而且要注意态度。

（2）暂存疑问：有些问题并不影响讲课进程，可能只是你自己在某个环节没有听懂，或者在听讲的过程中有了突然的灵感。这样的问题可以随手做好记号之后暂时存下，留待课堂上讨论问题或巩固知识的时间与老师探讨，等到课后再与老师交流也不迟。

环节四：主动参与

（1）主动回答问题：大家可能发现上课积极回答问题的同学，通常是这门学科学习成绩优秀的学生。不少同学怕自己的答案是错误的，会引来老师和同学的"笑话"。其实，这样的顾虑是没有必要的，回答错误了，老师就会针对你的回答来进行指导和分析，你就得到了一次及时的"单独辅导"。多几次这样的"单独辅导"，你的思路就会越来越清晰，成绩也会越来越好。

（2）主动进行小组活动：上课中主动参与小组活动也是非常重要的。在小组活动中积极发表自己的看法，主动代表小组发言或展示，不仅能让你将

刚刚学到的知识进行融会贯通，而且还锻炼了你的口头表达能力和小组合作能力。

环节五：记好笔记

当你调动感官"听到""想到""问到""学到"之后，别忘记用笔将其记录下来。不少同学上课没有记笔记的习惯，这肯定是不利于学习的。但也有不少同学对老师讲的所有内容全部记录，没有时间听老师的分析，没有时间思考，这样的记笔记自然也是没有效果的。

（1）记补充和解释：有些词语的读音或意义课本上并无注释，老师在课堂上补充的，要记录好。有些概念、定理不好理解，老师进行解释的，要记录好。

（2）记板书和板图：板书一般是本节课的知识框架或重点内容的推导或分析过程，板图要么是重点知识的理解要门，要么是老师设计的可以形象表达的重点内容。板书和板图是教师讲课的精华所在，对理解教材，整理自己的思路有着重要的作用。如果教材上有，要根据老师的讲解，用笔画出关键词，写上一些分析的话语。如果教材上没有，则应跟着老师的板书过程，边思考边做好记录。

（3）记灵感和质疑：老师全神贯注讲解，学生专心致志听讲，往往会触发自己的灵感，这是学习质量的飞跃和深化，是最宝贵的深刻认识，要及时扼要地记录下来，以便复习时理解、整理甚至进行新的创造。听课中自己的质疑点要及时记录，以便解疑从而获得真正的进步。

（4）多利用符号记录：设计一套自己记笔记的符号，如重点知识用三角号，当堂没听懂或难以理解的用对号等。这样的课堂笔记等到复习的时候，就会让你很清晰地掌握了本节课的重点，便于查找。

（5）用思维导图回顾总结：思维导图能清晰地展示学科全局和各知识点及概念间的脉络关系。

学期开始先从一本书的目录做起，根据书的目录画出一张总的整体思维导图，然后再根据章节，把想要的知识点、概念和要点放到相应的分支上面。课堂学习后，每课所得的思维导图都是一张分支图，要把它放到与整体联系的相应分支上面，构建知识网络。思维导图色彩鲜明，能给人留下深刻的印象；又因思维导图的简洁明了，你可利用早、中、晚及睡前的 3 ~ 5 分钟的时间就可在头脑中过一遍。这样可使复习快速、高效。

再进一步，将每节课的思维导图，作为分支图并入总图，挂在高一层次的分支上。这样做，及时将新学的知识归入已有的知识系统，主动进行知识建构，形成自己的学科知识网络。进行期中、期末复习，备战考试时，即可汇总前面每个章节、每节课的思维导图。在深入理解的基础上，将不同的知识点、概念和要点，组织出一张合理而有系统的思维导图。这样自己就学会从宏观把握知识，对于课本所包含的知识有更深层次的认识和了解，自己也学会了如何去总结复习。

"351"科学作业指导

一、作业的重要性

作业是学生课堂学习之外最主要的学习方式。课堂上所学的知识，要通过作业来巩固并掌握，进而化为能力并取得进步。也就是说，作业是学生掌握所学知识，形成能力，成长进步的有效手段。作业的内容往往都是教师根据学生的掌握情况，选取具有典型性、历年学生容易出错和考试容易出的考点。所以，作业不是可做可不做的，我们应该对作业抱以正确的态度。

二、作业的内涵

早在《学记》里就有对作业的论述："时教必有正业，退息必有居学。不学操缦，不能安弦；不学博依，不能安诗。"由此我们可知，作业是一种学习活动，是对课堂教学的准备和补充；它与完成一定的学习任务、达成一定的教学目标密切相连。作业不仅包括书面练习，也包括与学习相关的实践活动。

21

三、作业的目的

第一，查漏补缺

有句俗语叫作"眼高手低"，这句话形象地说明了我们很多人在学习上遇到的一种情形：听的时候感觉自己很明白，但做起题来却漏洞百出。而做作业正好可以检测同学对所学知识是不是真的掌握了，掌握的程度如何，哪里存在问题。通过作业的完成和订正，就可以改变这种情况，弥补自己在知识上的漏洞，强化薄弱的知识点。

第二，与遗忘做斗争

在学习识记完某一知识后，遗忘就开始发生，尤其在起始阶段遗忘的速度较快。德国著名的心理学家艾滨浩斯对记忆的保持规律做了重要的研究，得到了如下规律：

表 2-1　艾滨浩斯遗忘规律结论表

学习后的时间	20分	1 小时	8 小时	24 小时	2 日	6 日	31 日
记住率（%）	58	44	36	34	28	25	21
遗忘率（%）	42	56	64	66	72	75	79

这一规律给我们的启发是，如果某一知识点是后续学习的基础，需要记忆，则在学习完该知识点之后应及时进行巩固，这样只需要花费很少的时间就能复习巩固一次。如果等所学的内容全忘了之后才去进行复习，就等于重新学习一次，此时所花费的时间就会很多，学习的效率就比较低。

第三，促进思维的巩固和形成

21 世纪信息大爆炸，知识的获取途径更加丰富，思维的作用更加凸显出来。由此导致各个行业、各个领域的竞争核心是思维能力的竞争。做作业可以提高我们解决问题的能力，培养科学的思维方式。

第四，做好学习新知识的准备

"合抱之木，生于毫末；九层之台，起于累土。"所有的新知识都是建立在原有基础之上的，这也导致了有些同学因为前面的知识掌握得不好而后面就感到越学越难。我们只有通过认真地完成作业，才能够把已学到的知识掌握好，为学习新知识做好准备。除了通过完成作业巩固好已学知识之外，还要注重对预习作业的完成。预习作业都是教师精心设计的，和课堂内容息息相关。做好了预习作业，我们的手中就好像多了只魔法棒，能够帮助我们有的放矢，高效听课，从而更快、更准确地把握新知识。

作业的过程——三步骤

作业准备

（1）知识准备：著名数学家华罗庚年轻时非常重视复习。他复习的时间比别人多，但他做作业却比别人快得多。"先复习后作业"是学习上"事半功倍"的成功经验。因此，我们在做作业前，先要复习书本或笔记上有关的基本概念、基本原理（包括定义、公理、定理、法则）、主要内容等，或者默忆教师讲述的内容、思路、方法，在弄懂所学知识的前提下再动笔做作业。

（2）工具准备：要事先准备好做作业所需要的用具，如词典、笔、直尺、圆规、地图、作业本、草稿纸等。

（3）环境准备：自己学习的桌面要收拾干净、整齐；不常用的资料不要摆在桌面上，正在用的学习资料及作业本等也要按一定的顺序摆放好，常用的文具要放在固定并容易取的地方。这样做能提高作业效率，还能养成井井有条的良好学习习惯，对将来的工作也很有好处。

（4）心理准备：心理准备决定了作业质量的高低。有的同学在做作业的时候，没有做到高度投入总是心不在焉，这样写出来的作业质量一定不高，也不会实现写作业的预期效果。有的同学却是高度重视作业，每次都全力以赴地去完成作业，那么作业的价值就在他的学习活动中得到了最大化的实现。认真对待作业的同学在考试中也能够获得理想的成绩。

设定目标

（1）明确作业目标。教师自拟作业时，往往会将目标一起拟在作业中，如政治学科的"课后巩固案"，总是将目标放在习题之前，我们在做题前就应该先知道这个习题需要达到什么目标，做到有的放矢。

（2）定好个性目标。个性目标的设定是在教师设定的目标基础之上的自我规划和自我管理。教师设定的目标往往是基于中等学习水平的学生，那么

学习能力较高的同学就不应该满足于教师设定的目标，而是给自己提出更高的目标和要求，力求做到举一反三，触类旁通。学习能力较低的同学就要努力达成目标，达不到的目标做好标记，制订学习计划，努力达成目标。

作业过程——五环节

环节一：规划时间

每天晚上教师都会留三到四科作业，我们该如何科学规划作业时间呢？大家可以参考下面的原则进行规划。

（1）限定时间原则。针对自己的个人情况，在教师设定时间的基础上，设定好自己的作业时间。另外，上午9—11时，下午3—4时，晚上7—10时，为最佳记忆时间。利用上述时间记忆难记的学习材料，效果较好，根据这种规律，我们可以选择晚上睡觉前将需要记忆的内容重新在大脑里回顾一遍，以加强记忆效果。

（2）劣先优后原则。先重点突破薄弱学科，准备好充足的时间反复打磨，然后抓紧时间做自己擅长的作业。

（3）交叉进行原则。俄国文学家车尔尼雪夫斯基说过"变换工作就等于休息"。我们要注意文科、理科的交叉，动口与动手的搭配，而不要一口气学习同一类的科目或者长时间背书和长时间做练习，因为这样容易使人疲劳，会降低时间的利用率。

环节二：储备知识

很多同学的习惯是拿起作业就开始做，好一点的情况是遇到不会的题就开始翻阅课本和笔记本，坏一点的情况是遇到难题不会就随便写写或者抄抄或者干脆空着，这种做法无疑是浪费了自己的时间，也没有使作业的最大价值发挥出来。正确的做法应该是：

（1）回顾知识。在头脑中回顾一下课上所学的知识点，明确自己哪些地方记得不清楚了，哪些地方存在疑问。

（2）弥补漏洞。翻阅课本和笔记本，完善自己的知识储备，对自己的问题做到心中有数。对自己在回顾过程中不是特别清楚和自己掌握不是特别好的知识点重点复习，将做作业需要的知识储备做好。

环节三：审题作答

什么叫作审题？有些同学是用眼睛看一遍题就认为自己审题了，但是，审题可不是用眼睛看看那么简单的。怎样审题呢？其实，有一些方法可以帮助我们更加准确地理解题意。

（1）圈画关键词句。部分同学已经掌握了这种方法，这确实是一个不错的方法，但只是最基本的方法，而题干中的关键词句主要是指限制性的词语、已知的条件、所要答的未知的内容等。

（2）剖析题意，明确出题人的问题指向。怎么剖析题意呢？我们要弄懂题目中术语的内涵（可以结合教师讲授的案例），明确作答内容及重点，一定要把这些弄清楚，在必要的情况下，我们还可以通过画示意图这种辅助方式来分析问题。

接下来就是答题的过程了，作答是你所学所想的一个展示，是你思维过程和结果的一个呈现，具有决定性的作用。好的答案往往包含下面几个要素：

（1）卷面清晰。卷面清晰不要求你写多漂亮的字，但字一定要工整，字迹清晰，没有涂抹的情况。

（2）分条作答。分条作答表现的是你思维过程的条理性和层递性，长期的训练有助于培养思维的缜密。同时，我们要避免出现跑（跑题）、漏（漏要点）、偏（只及一点，丢掉全面）、乱（乱套、乱碰）的情况，可采用拟简要提纲的方法来理清思路。

环节四：检查审视

检查审视作业是很多同学都忽略掉的一个过程，检查作业的要求是对作业进行自我检查，及时更正。审视作业的要求是运用特殊的符号对作业进行初步的分类。怎样做呢？

（1）逐步检查。从审题开始，一步一步地检查，发现错误并及时改正。这种顺着原来的思路的检查，很难发现解题思路上的错误，多用于发现计算和表达方面的问题。

（2）代入检查，或叫作逆向检查。把结果代入原题目中，看是否合理。解答理科习题时常用这种方法，应熟练地掌握，不同学科应采用相应的方法来进行检查和更正。

（3）审视作业。审视作业的做法很简单，即要求大家做完作业后，妙用各种符号。在题目前面，用彩笔画个标记。

有的题目非常简单，大家认为自己一定能做对，就画上一个竖杠"｜"。

若题目是动点脑筋做出来的，有点意思就画个钩"√"。

难点的题目就画个三角"△"，感到很难又很有收获，就画个醒目的大三角或多个三角。

有的作业是很有代表性的典型题（或是个有规律的题），就画个五星"☆"。

特别好的就画大五星，代表收获特别大。

环节五：总结积累

只有善于总结积累的人才能走得更远。如果我们不将自己在作业过程中，成功的经验和遇到的问题总结并积累下来，那我们做作业的效果就至少打了八折。我们需要在哪些方面总结积累呢？同学们的手上都有几个积累本，我们需要做的是把它充分地利用起来，而不是仅仅把它当成一个改错本。我们可以做下面这些工作。

（1）整理题型。很多同学的本子都是厚厚的，但缺少分类。我们可以利用前面做的各种符号将有价值的题汇总起来，这比大家买的那些题集要有用得多。

（2）总结经验和方法。反思自己在作业过程中有哪些成功的经验、思维出现了哪些问题。很多同学都忽视了这种总结，其实，这是一种学习方法的积累。有些同学在面对同一类型的题时出现了时对时错的情况，其实就是没有将成功的经验总结好，导致他的成功具有偶然性；还有些同学因为思维方式出现了问题，所以在面对同一类型的题目时始终都没有进展。由此看来，总结成功的经验和思维出现的问题都是非常重要的，尤其是找到自己思维的结点。这样，不仅能够解决眼下的问题，更能够培养一种思维方式和解决问题的能力。

北大附中优秀学生胡波深有体会地说："做作业和考试一样，考试就和平时做作业一样。"这"两个一样"是很值得我们回味和思考的。如果能把每次做作业当成一次考试，严肃、认真地对待，就能真实地反映出自己对所学知识掌握的程度如何，再加上后期的整理、提高，相信我们就可以获得自己认可的成绩。

"351"学习过程的评价方案

"影响学生学习的首要因素，是他的先备知识。研究并了解学生学习新知识之前具有的先备知识，配合之以设计教学，从而产生有效的学习，就是教育心理学的任务。课前检测、预习情况检测、作业检查是我们落实教学效果的措施、开始有效教学的抓手。"这是著名心理学家奥苏伯尔在其所著《教育心理学：认知取向》一书的扉页上所写的。可见，学习过程是一个由课前预习、课堂落实、课后作业三大环节组成的前后相继、环环相扣的完整链条，也就是说，缺乏任何一个环节都会直接影响我们的学习效率。那么，怎样知道这三个环节完成的效率呢？这就需要有一套相对完整的评价体系，通过对预习、上课、作业每一环节的评价，来检验一阶段学习过程的最终效率。

一、评价目的

同学们借助自我评价这一过程了解自己这一阶段的整体学习情况，不断总结收获与进步，发现不足，为下一阶段的学习提供有益的指导，确定努力的方向。这是一个长期的过程，不仅有利于全面、系统、清晰地把握所学知识，更有利于提高自学能力、团队协作能力、自查自纠能力和对自我的认知，为同学们的全面发展、终身发展奠定良好的基础。

二、评价原则

1.客观性原则

无论是同学们的自我评价还是小组评价、教师评价，都必须如实反映客观情况，只有真实地反映情况，才能使大家真实地认识自己、真实地发现问题，才能在改进不足的过程中取得真实的效果。否则，只能是自欺欺人。

27

2. 主动性原则

评价过程的实施主体应当是自愿的、主动的，如果出于被动而进行评价，这样不仅不能从评价的过程本身感受到收获与成长的乐趣，而且势必影响评价结果的客观性，使学习过程、评价过程都流于形式、疲于应付。

3. 及时性原则

评价是为了通过自我诊断及时地发现问题、改进不足、提高学习效率。如果不能及时地进行评价，只能使问题和不足越积越多、学习效率越来越低，甚至影响学习情绪和自信心。因此，评价必须及时才能发挥自我诊断、自我评价的意义和价值。

三、评价方式

评价应以同学们的学生自我评价与小组评价相结合为主，辅之以必要的教师评价。同学们自我评价的过程本身也是一个不断自我发现、自我认识、自我反思、自我提高的过程，有利于在评价过程中成长；小组评价是为了增强同学们的团队意识，激发小组成员互相监督、互相帮助、互相促进，达到整体的发展；在某些同学自我评价或小组评价不能及时、准确地反映学习情况时，要进行必要的教师评价。

四、评价内容

课前预习、课堂学习、课后作业三大环节。

五、评价的组织和方法步骤

1. 评价组织

评价由学部指导实施，各班级组织，每个班级成立评价委员会，负责实施具体的评价方案。

2. 评价时间

针对评价对象的差异和学习过程的实际情况灵活安排，一般情况下，每位同学两个周自我评价一次。

3. 评价步骤

①发放《"351"学习过程的评价方案》，让同学们明白关于预习、上课、作业应达到的层级标准。

②同学们根据方案中的层级标准自我评价目前所达到的目标，并做出标记。

③设定一个理想的等级、层次作为下一步的行动目标。

④以两个周为时间单位，组织同学们填写评价表，进行自我诊断和评价。

⑤将阶段性评价结果进行公示，表扬先进、激励后进。

4. 评估等级

评估结果用优秀、良好、合格、不合格四个等级表示。

预习的五个层级目标

分类原则：按照同学们在预习阶段对知识的理解和应用程度

第一级：初步标注

能借助预习导学案的提示和引领，对课本内容进行清晰地标注，即要求同学们能够将导学案上所给出的问题转移到课本相应的位置上，并能根据学案提示和自己的理解从课本中做出标示。

第二级：初步认识

通过预习能够知道教材的该部分在讲什么内容并能进行简单复述。简单复述不是指零散的记忆，也不是蜻蜓点水式的泛泛而论，它需要能够说出本课的核心问题以及与此相关的重点内容。

第三级：初步质疑

"学起于思，思源于疑"，也就是说，大胆的质疑是一切思考和学习的原动力，而爱因斯坦也曾说过："提出一个问题，往往比解决一个问题更重要。"因此，同学们在预习过程中，不能机械地跟着导学案走，而是要在此基础上不断发现问题、表达困惑甚至提出有价值的观点，只有这样，才能激发自己的思维和创造力，获得可持续学习的动力。

第四级：初步建构

教材作为我们学习的主要工具，在大家的学习中扮演着举足轻重的角

色，教材的编写也具有很强的科学性和连续性。同学们在预习的过程中，如果能主动思考本课各知识点之间、课与课之间、单元与单元之间的内在联系，并试着构建知识体系，这样有利于培养我们综合分析问题的能力，也有利于加深对知识点的理解。

第五级：初步应用

预习的情况如何，是需要对知识的应用过程加以检验的。在导学案中，为了检验同学们的预习情况。各学科一般会设置一些难度不大的题目，如果同学们能顺利而准确地完成这些题目，那就证明你的预习是有效的。但这并不能完全说明问题，还要通过课堂表现来继续评价自己的预习效果。比如，在小组合作探究的过程中，能否积极运用预习过程中所掌握的知识参与其中，分析问题、解决问题、踊跃发言。

听课的五个层级目标

分类原则：按照同学们的听课状态和听课效率

第一级：认真倾听

听课是获得知识的主要途径。同学们获得的各门知识，主要还是通过课堂讲授（含在老师指导下的实践、实验课等）这一形式。一般来说，教师讲课都是做了充分准备的。他们不仅依据教材，还参考了许多有关资料，有自己的见解，也结合了学生的实际进行教学。教师讲课的针对性实效性较强，而且无论在深度和广度上都可能会超出现有教材。因此，认真听课是非常重要的。

"听课"并不是要全神贯注地"复制"教师说出的每一个字，而且要能够充分调动视觉、听觉等多项感官，随时低头看课本，抬头看教师的板书、表情、课件等，最主要的是要能够根据学科特点来倾听教师对重点知识点的强调、对难点问题的分析、对做题思路的讲解；能倾听其他同学的发言、提问，不漏听、不错听，并随时做好笔记。

第二级：思考质疑

孔子说，"学而不思则罔，思而不学则殆""小疑则小进，大疑则大进"。思考和质疑都是学习过程中不可缺少的环节，也是促进思维的发展，学习的进步的关键因素。

教师在课堂上经常通过一系列具有启发性的问题，来引导学生思考并得出重要的规律或结论，因此，思考首先是要求同学们能够认真深入地思考教师提出的问题，在教师讲解或提问其他同学之前先得出自己的结论，这样你才能更好地理解并形成自己的思想。另外，要注意思考教师的分析过程，因为各门学科的内容体系、发展思路、训练要求以及学习方法各有特点，在听课时要多思考教师是如何进行分析的，如"教师和同学在分析过程的都运用了哪些知识点？为什么要这样运用？为什么要采用这种方法？"等。那么，怎样解决这些"为什么"呢？经过这样的思考才能把老师的思路和方法内化为自己的，才能提高自己分析和解决问题的能力。最后，还要多思考自己与老师、同学之间的差别，因为在课堂中经常会形成你自己的想法或观点，要多思考自己的思路与其他同学的回答、老师的分析之间的差别，只有通过不断地找差距才有完善的机会，才能一点一点让自己的思路更加清晰。

第三级：积极参与

同学们毕业之后都要走入社会，面对我们所生存的这个时代的种种考验，为了能够适应21世纪的生存和工作环境，大家必须具备21世纪的技能。那么21世纪学生应该具备哪些基本技能？我们一起看一下：

责任感和适应性——既有责任感，又能灵活处事，高标准要求自己；能容忍不确定性。

沟通技能——在各种情境下，能够以口头、书面和多媒体形式进行有效的交流。

创造性和求知欲——能够提出和实施新观点，并把新观点传播给他人，能开放地接受和应对新的不同的观点。

理性思辨和系统性思维——在理解和进行复杂决策时，能够进行合理推算，了解系统之间的内在联系。

信息和媒体素养——能够分析、获取、管理、综合、评价和创造各种形式的媒介信息。

人际交往和合作技能——表现出团队合作精神和领导能力；适应不同角色，承担不同的责任；能与他人高效合作；富有同情心；尊重不同意见，发现问题，界定问题，寻求解法——具备界定、分析和解决问题的能力。

自我引导——了解自己的学习状况和学习需求，获取合适的资源，将学习由一个领域迁移到另一个领域。

社会责任感——行事负责，以集体利益为重；在公私场合中的行动都符合人伦常理。

了解这些技能以后，我们不难发现，只有当你以一个主人翁的姿态积极参与到课堂学习的各个环节中的时候，才有机会提升自己的能力、获得相应的技能，而置身事外、畏缩不前，甚至冷眼旁观的态度永远不可能获得这些技能的提高。因此，要达到这一级，同学们需要能够积极参与回答问题、积极参与小组活动、参与做好笔记。积极回答问题就是在理性思考的基础上，不要过分顾虑答案的对与错和教师、同学的看法，而是大胆而清晰地交流自己的答案、表达自己的观点、提出自己的困惑；积极参与小组活动就是要积极参与小组的讨论、交流、展示等各项活动，态度端正、表达明确、展示清晰；积极参与课堂笔记，就是指积极调动眼、耳、手、脑等各项感官，及时记录有效信息，并作为重要的学习工具经常使用。

第四级：宏观建构

任何一章节的知识之间都是存在内在联系的，只有把握了知识间的内在联系才能更好地理解和应用。因此，同学们在预习和听课的过程中，一定要重视对各知识内在联系的思考，并在此基础上学会架构知识体系。知识体系可以帮助我们梳理横向学科之间的关系，使得我们具有触类旁通的能力；知识体系可以帮助我们透视纵向知识之间的联系，使得我们具有上下贯通的能力；知识体系还具有梳理旧识，查漏补缺，巩固做题技能的功能，使我们具有自查自纠的能力。所以，要有较高的学习能力，你还必须具备宏观架构知识体系的能力。具体来说构架体系也分为以下几级：

（1）预习和听课环节有意识地提炼本单元（本专题）的核心内容，并确定关键词，按照一定的规律或原则将知识点放入本单元（本专题）的核心内容或关键词之下。这需要对本单元内容有一个比较深入的理解和把握，这至少需要已经达到第三级的目标的要求才能完成。

（2）随着对所学知识理解的深入、认识的更新、积累的增多，要对体系不断加以整理和完善，不再是课本知识的简单串联，而更多地应该加上自己的理解或者从老师、同学那得到的与此相关的新观点和拓展性的知识，并及时地在笔记本或者课本上做出补充和标注，最终实现知识的创新与发展。

（3）在认真听讲评课之后，可以将一份作业题，或者考试题的考点罗列出来，放到已经构建好的知识体系之下加以对照，一方面可以重新认识体系的重要性，另一方面也是一个验证体系、完善体系的过程。

第五级：情感提升

学习并非大家所理解的只是一个识记、理解、做题的过程，在一个人才的标准不断提高、不断更新的现代社会，它的意义已不再仅仅是考取功名的手段，它更是一个提高自我、发展自我、完善自我，提升生命品质的过程。这就要求我们不仅要学会知识，还要会运用知识，更要学会运用所学的知识，积极深入地思考人生和宇宙，从而树立正确的世界观、人生观和价值观，达到知识与情感的真正结合。

作业的五个层级目标

分类原则：根据同学们对待作业的态度和通过做作业达到自我发展的效果

第一级：简单作业

有些同学不了解作业的意义与价值，把教师布置的作业当成是一种额外的负担，因此，只是抱着一种应付了事的态度去完成，只限于完成作业当中会的那部分题目，不去思考产生不会的题目的原因，更不会去寻求解决的办法。

第二级：认真作业

对作业价值的认识决定了同学们做作业的认真程度，而做作业的认真程度又决定着你将从做作业中获得多大的收益，因此，要想通过做作业来检验和提升自己，必须认真对待作业。必须做到以下几点：

（1）先复习，后做作业。先复习是为了对知识的理解更深刻、记忆更牢固、做好必要的运用准备，只有这样才能真正达到检查和应用的目的。

（2）要独立，不抄袭。独立完成遇到困难时，要自己开动脑筋，多想办法，坚定意志去完成，实在解决不了的问题，可以问问同学和老师，但不能抄袭别人的作业。

（3）清审题，不马虎。为了做好审题，要努力做到以下几点：

①准确读题。审清设问，找到答题点，防止答非所问。审清材料，找到提示点，完善思维。

②理清思路。也就是要根据设问的要求和已知条件，在脑海中或者草纸上构建一个大致的解答思路，越明确越好，这样有利于要点明确、结构清晰、思路完整。

③明确联系。要明确现行的教学中作业、考试（非研究性学习）都是围绕学过的知识来出题的，无论题目多么变幻莫测其实都万变不离其宗，都是围绕已学知识来考查的，因此，要明确题目与学过知识的联系才能灵活应用。

第三级：自查作业

任何完美的工作和艺术品都不是一气呵成的，它往往都需要反反复复地检验、否定、纠正才会走向趋于完美，同学们做作业也不例外。一份令自己满意的答卷，首先要经过自我否定和完善的过程。这要求同学们做到以下两点。

（1）对作业进行自我检查，及时更正。一般有以下几种常用方法：

①逐步检查。从审题开始，一步一步地检查，发现错误时及时改正。这种顺着原来的思路的检查，很难发现解题思路上的错误，多用于发现计算和表达方面的问题。

②重做检查。如果时间允许，不妨重做一遍，可以有意识地换个思路，换个方法重做。重做后，比较步骤和答案，可以分析错误原因，也可以找到更好的方法和经验。

（2）要求是小组合作、尽量完成。既然作业中出现了不会的题目，就意味着对课本的某个或某些知识点的掌握存在着欠缺，所以在做作业的过程中，要学会统计出自己不会的题目并认真思考和发现这道题不会的原因，在此基础上，通过与小组成员进行讨论、合作等方式，完成某些不会的题目，并在作业中进行标示。如某道题目最初做题的困难、讨论后取得的收获以及对今后做题的启发等。

第四级：效率作业

学生做作业和教师批作业的过程其实是一个师生互动、交流的过程，只不过是这个过程由课堂转移到了作业上。因此，同学们做作业的过程不仅是一个自我检验、自我提高的过程，同时是一个将疑惑呈现给教师的、寻求帮助的过程，因此，我们要特别珍重教师对作业的批改，因为教师每批改一次相当于一次个别辅导。至少它可以帮助我们及时发现和认识自己在作业中的问题，从而我们可以有针对性地听课，注意总结经验、吸取教训。

（1）本道题目没有思路，或者出现错误的原因是什么。如原理记忆不准确、公式不会灵活应用、审题不认真或是根本不会审题。在错题本上记录出来、归纳出近期所做的同类题目加以练习，学会多题一法。

（2）如何做到一题多解。也就是对一道题寻求多种解法，而且能比较出"步骤高明""方法巧妙"的解法，这是学生应用能力达到高水平的重要表现之一，它有利于培养人的发散思维和创新精神。

（3）如何一题多变，即做完一道题后，想一想这道题能不能变一变。如加一个条件怎么做、换一个条件怎么做等。这样做可以培养学生思维的广阔性和灵敏性。

如果能做到以上几点，就意味着你有极高的作业效率，也意味着你将会在做作业的过程中收获的比别人更多，成长的比别人更快。

第五级：发展作业

一方面，能够根据本课的学习目标和重难点，从教师的角度进行命题，并在小组内部进行互相交换、共同探索命题的价值、共同体验探究的快乐、共同分享收获的乐趣。这个过程既能提高同学们对知识的掌握和驾驭能力，同时自主命题能有效地发挥其补救、知识构建、自我发展和创新等功能，有利于同学们的可持续发展。

另一方面，能结合实践发现问题，形成专题，探索研究。注重专题研究的过程、方法和成果，善于请教、讨论及合作。

表 2-2　预习、听课、作业评价量规表

评价项目	评价等级				
	5 级	4 级	3 级	2 级	1 级
自主预习	能够初步比较宏观地掌握知识，在此基础上能够运用预习中所学的知识，准确完成课前预习导学案中的检测题	在认识教材、提出疑问的基础上，能够主动思考本课各知识点之间、课与课之间、单元与单元之间的内在联系并试着构建知识体系	在认识课本内容的基础上，能够发现问题、表达困惑甚至提出有价值的观点	在标注课本内容之后，能够知道教材的该部分的核心内容并能进行简单复述	能借助预习导学案的提示和引领，对课本内容进行清晰地标注

续表

评价项目	评价等级				
	5级	4级	3级	2级	1级
高效听课	在学会知识，学会运用知识的基础上，还要能够学会运用所学的知识深入地思考。树立正确的世界观、人生观和价值观，达到知识与情感的真正结合	在主动参与课堂学习的过程中，能够根据教师的讲解和自己的理解，主动构建相对全面、系统的课节或者单元知识体系	在主动思考质疑的基础上，同学们需要参与课堂活动，如积极参与回答问题、积极参与小组活动、认真做好笔记	能在认真听课的基础上，思考教师提出的问题、教师和同学分析问题的思路方法、思考自己与教师和同学的差别，并提出质疑	能够充分调动视觉、听觉等多项感官，倾听教师对重点知识点的强调、对难点问题的分析、对做题思路的讲解；能听其他同学的发言、提问并随时做好笔记
科学作业	在灵活应对各类题目的基础上，能够根据本课的学习目标和重难点，从教师的角度进行命题。还能结合实践发现问题，形成专题，进行探索性研究	在全面完成作业的基础上，能够根据老师的批阅和指导进行多题一法、一题多解、一题多变联系，提高自己的做题能力	在认真、高效完成已会题目的基础上，通过反复检查与同学讨论等方式，尽量完成作业中不会的题目并对此类题目，进行标示、写出最初的困难、讨论后的启发等	做作业的态度端正，独立完成自己会的题目，并能够通过回顾复习、认真审题将自己会的题目全做对	抱着一种应付了事的态度去完成，只是马马虎虎完成作业当中会的那部分题目

表2-3　学习过程评价量表

小组名称：＿＿＿＿＿＿＿＿　时间：＿＿月＿＿日＿至＿＿月＿＿日

姓名	项目	目前等级	预设等级	达成等级	反思	改进措施	下一目标（　）级
	预习						
	听课						
	作业						

续表

姓名	项目	目前等级	预设等级	达成等级	反思	改进措施	下一目标（　）级
	预习						
	听课						
	作业						
	预习						
	听课						
	作业						
	预习						
	听课						
	作业						

【"351"学习体系——支撑部分】

时间管理训练课程方案

【一】课程名称

做时间的主人

【二】课程性质

同质的、封闭的与结构式团体辅导相结合的课程

【三】参加对象

以班级为单位的高一年级全体学生

【四】时间安排及地点

每周一次，共五次，每次 45 分钟

地点：各班教室

【五】理论依据：来源于黄希庭等人提出的时间管理倾向理论

黄希庭等人从人格的视角出发，对时间管理进行研究并提出了时间管理

倾向的概念，他认为时间管理倾向是个体在运用时间方式上所表现出来的心理和行为特征，它是一种人格倾向，具有多维度多层次的心理结构，它由时间价值感、时间监控观和时间效能感构成（如图所示）：

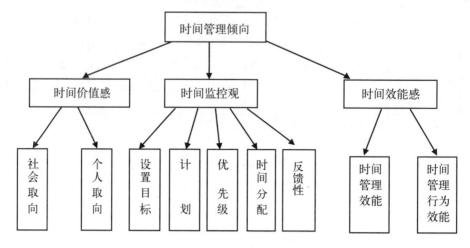

图2-1　时间管理倾向结构图

时间价值观是个体时间管理倾向的基础，是指个体对时间的功能和价值的稳定的态度和观念，由个人价值和社会价值两个子维度构成。其中，个人价值是指个体对时间对个人的生存与发展的稳定的态度，社会价值是指时间对社会的存在与发展的意义的观念。时间价值感通常被认为是充满情感的，它可以驱使人朝着一定的目标而行动，对个体行为具有导向的作用。时间监控观是指个体利用和运筹时间的能力和观念，它包括设置目标、优先级、计划、时间分配、反馈性，共五个子维度。它通过一系列的外显活动表现出来，主要体现在个体如何计划安排时间、如何设置目标、如何合理分配时间，对工作的结果进行检查等活动上。时间效能感作为制约时间监控的重要因素，它指个体对自己是否有能力驾驭时间的信念和预期，反映了个体对时间管理的自信心程度，以及对自身时间管理行为能力的估计。它主要包括时间管理效能和时间管理行为效能两个子维度。

通过对时间管理倾向三个维度的分析，我们发现，时间价值感体现在个体的价值观上，时间监控观是属于自我监控的层面，时间效能感是自我效能在个体运用时间上的心理和行为特征，也就是说这三个维度都是个体的人格特征。而这种人格特征是环境与遗传相互作用的结果，每个人在时间管理倾向上的表现是不同的，具有独特性，比如，在具体的时间管理中，有的人办事干净利索，有的人办事拖拉，有的人犹豫不决。这种人格特征，虽具有稳定性，但也不是一成不变的，也会随着个体的成长发生不断的变化，所以，可以通过训练来提高时间管理的能力，促进个体时间管理倾向朝着良好的方向发展。

【六】课程设计的意义

高中阶段是人生发展中相当重要的阶段，高中生都要经过三年紧张的学习生活的洗礼，于是，在有限的学习时间内，在有限的个人资源的制约下，高中生学会时间管理就显得意义重大。

首先，时间管理是学习成功的源泉。高中生学会时间管理，就能够科学地分配时间，分清主次，把时间用于重要内容的学习上，也更善于节约时间，这就使自己获得"额外"的学习时间来预习或复习。其次，学会时间管理能够提高学习效率。虽然有的高中生每天都在忙碌中度过，但是当他们回顾自己一天所做的事情的时候，才发现有很多时间都被自己白白浪费了。学会时间管理，制订合理的时间表能够减少无效的学习时间，提高学习效率。最后，时间管理可以增加休息时间，保证高中生的身心健康。有很多高中生在经历了一天的学习之后，回到宿舍还要挑灯夜读，这不仅消耗了本该有的学习时间，也耗费精力，得不偿失。针对这些情况，我们发现，培养高中生的时间管理能力，帮助他们提高学习效率，更好地完成学业，促进其身心健康发展是非常必要的。

【七】课程方案

表2-4　课程方案表

单元	单元目标	活动流程及内容
一寸光阴一寸金	1. 引导学生正确认识时间 2. 引导学生认识到时间的价值，提高惜时意识	谜语导入 时间刻度尺 一分钟的生命 惜时格言擂台赛 总结并布置作业
我的时间利用	1. 对自己的时间利用有一个整体的认识 2. 引导同学们认识到导致时间浪费的原因，并进一步提高惜时意识 3. 为之后时间管理策略的学习奠定基础	小品接龙 我的时间利用 谁偷走了我的时间 总结

续表

单元	单元目标	活动流程及内容
目标、计划与行动	1. 认识到目标对个人的导向作用 2. 学会为自己制订合适的目标和计划 3. 激发实现目标的行动力	1. 游戏导入 2. 目标篇 3. 计划篇 4. 行动篇 5. 教师总结
分清事情的轻重缓急	1. 引导学生学会如何分清事情的轻重缓急 2. 引导同学们掌握时间管理的方法	1. "大石块先放进去" 2. 艾森豪威尔法则 3. 二八定律 4. 大家来支招 5. 总结
时间管理的其他方法	1. 引导学生了解更多的时间管理策略 2. 进一步改善时间管理策略	1. 角色扮演 2. 时间管理其他策略 3. 反思与总结

【八】课程具体安排

第一单元　一寸光阴一寸金

【活动目标】1. 引导学生正确认识时间

2. 引导学生认识到时间的价值，提高惜时意识

【活动方法】讨论法、讲授法

【活动时间】1 课时

【活动准备】纸条，视频《一分钟的生命》

【活动过程】

一、谜语导入（约 5 分钟）

这是法国著名思想家伏尔泰给我们大家出的一个谜。谜面是这样的："世界上有一样东西，它很特别，它既是最长的又是最短的，既是最快的却又是最慢的，既最能分割又是最广大的，既最不受重视又是最值得惋惜的；没有它，什么事情都做不成；它使一切渺小的东西归于消灭，使一切伟大的东西

40

生命不绝。"大家开动一下脑筋，猜猜这个谜语的答案是什么？（学生讨论）；通过这个谜语你有什么感悟？（讨论）在此基础上，讨论时间的哪些特性？

在我们的学习生活中，学会认识时间、把握时间、科学管理好时间非常重要。

二、参与活动，引发思考（约15分钟）

在活动开始之前，大家先思考以下两个问题：

（1）从现在开始到死亡你最多能活多少天？

（2）在有限的天数里，我们能够完全加以利用的有多少小时？

带着这两个问题，我们一起来做一个游戏。游戏的名字叫《时间刻度尺》。大家先拿出老师发给大家的小纸条，听老师口令来做。

首先，我告诉大家，这张长长的纸条代表100岁。现在想一下，你现在多少岁？在这张纸条上标记出你的年龄的位置，然后把标记之前的相应部分撕掉，撕掉之后就代表着过去的生命将一去不复返了。

然后，思考一下，你认为自己能活到多少岁？在纸条上标记出来，然后将标记之后的相应部分撕掉。

现在你手里拿到的纸条代表从目前到你死亡的这段时间。在这段时间的每一天里，大家思考一下，一天24小时，你是如何分配的？一般人每天有1/3的时间在睡觉，有1/3的时间自己运用（包含聊天、吃饭、看电视、游玩、等公交、上厕所等），其实真正用来工作和学习的时间也就还剩了1/3的时间。所以，请将剩下的部分折成三份，撕掉2/3。

最后，大家互相比一比最后剩下的部分谁长谁短。并计算一下之前的两个问题：从现在开始到死亡，你最多能活多少天？在有限的天数里，我们能够完全加以利用的有多少小时？

通过这个游戏，大家讨论分享：你有何感想？

三、感悟时间价值（约12分钟）

播放视频《一分钟的生命》，带领同学们感悟一分钟的价值，并讨论分享。在此基础上，将时间细化，探讨10秒钟的价值、一秒钟的价值，引导同

学们意识到每一分每一秒都有价值，提高惜时意识。

四、时间格言擂台赛（约8分钟）

1.同学们分小组讨论，集思广益，寻找有关时间的名言警句，看哪个小组积累得多。

2.通过这些名言警句，大家体会到了什么？（小组讨论）

五、教师总结与布置作业（约5分钟）

请同学们以下表为例，记录在接下来的一个星期中的时间的使用情况，以及对自己时间的有效利用程度做一个评价。下表中的"有效程度"分为四级，分别是0代表无效果，1代表有一点效果，2代表效果一般，3代表效果很好，做出评价时在对应数字打"√"即可。根据实际情况，每位同学每天最少记录三次。记得下次上课带过来。

表2-5　学业时间记录表　　　　　　　　　　　　　星期 ____

事项	所用时间	有效程度				原因分析
第一节：语文《兰亭集序》	8：00—8：15	0	1	√2	3	
	8：15—8：30	√0	1	2	3	
	8：30—8：45	0	√1	2	3	
第二节：生物《细胞内的糖类和脂类》	8：55—9：10	0	1	2	√3	
	9：10—9：25	0	1	√2	3	
	9：25—9：40	0	1	√2	3	
……	……	0	1	2	3	
	……	0	1	2	3	
	……	0	1	2	3	

第二单元　我的时间利用

【活动目标】1.对自己的时间利用有一个整体的认识

2.进一步提高惜时意识

3.为之后时间管理策略的学习奠定基础

【活动方法】讲授法、讨论法、角色扮演法

【活动时间】1课时

【活动准备】上节课作业

【活动过程】

一、小品接龙，活跃气氛（约10分钟）

小品的题目为《我的一天》，要求表演同学表现出"我"在学校度过的一天。在表演时，由第一个同学从早晨起床开始表演，再由第二个同学，在第一个同学表演的基础上进行表演，……最后一个同学要表演到熄灯睡觉结束。

讨论：通过这个小品接龙，大家有什么感想？回想一下我们的一天是不是也是这样度过的？

教师小结：时间需要管理，不然，它会偷偷溜走。那么，我们自己的时间使用情况又是怎样的呢？

二、我的时间利用（约15分钟）

请大家拿出上一节课布置的小作业，来看一看我们的时间利用情况——哪些时间段是处于精力充沛状态，哪些时间段是精力一般状态，哪些时间段是处于精力下降状态，哪些时间段自己很想睡觉，无法学习？（讨论）

小结：有效时间利用率比较适用于学习过程中的时间管理，它反映了你真正的努力程度。如果你发现某天或某段时间的有效利用率很低，很可能就是你注意力不够集中，或者没有将主要时间和精力用在你的目标上，那就得弄清楚你的时间浪费在哪里了，并调整自己使用时间的习惯。一般来说，有效学业时间越多，你的有效学业时间利用率越高，证明你珍惜时间和努力学习的程度越高，越有利于提升你的学业。

从我们每节课的时间利用率，我们可以大致推算一天的有效时间利用率。见表2-6。

表2-6　城市高中生平均每天有效学业时间统计表

平均每天投入的有效学习时间（N）（单位：小时）	平均有效学业时间利用率	占学生比例
$N \geqslant 6$	25%	2%
$5 \leqslant N < 6$	23%	6%
$4 \leqslant N < 5$	18%	16%
$3 \leqslant N < 4$	15%	40%
$N < 3$	13%以下	36%

　　分析：通过此表我们可以算出，多达92%的同学一天的有效学习时间不到5小时，很多时间被我们白白浪费了。看来，时间的流逝无处不在，然而又那样地不可捉摸。生活中有一群技艺高超的盗贼，偷走了美好的时光，而我们就是觉察不到。

三、谁偷走了我的时间（约17分钟）

1.寻找时间盗贼

　　各位同学以6人为一小组，组成刑侦小组，每位同学都是一名警察。每个刑侦小组要选出一个组长、一个发言人、一个记录人。通过各个刑侦小组的讨论来揪出时间盗贼，即造成我们时间浪费的因素。讨论过后，总结"九类大盗"：

　　第一大盗：拖延

　　第二大盗：没有目标和计划

　　第三大盗：过多地休闲和使用电子学习产品

　　第四大盗：健康必要时间过多或过少

　　第五大盗：等待和找东西

　　第六大盗：分心和被中途打搅

　　第七大盗：参加不必要的社交活动

　　第八大盗：必做零星琐事

　　第九大盗：做题太多和资料太多

　　附：九大盗贼盗窃时间比例图示。

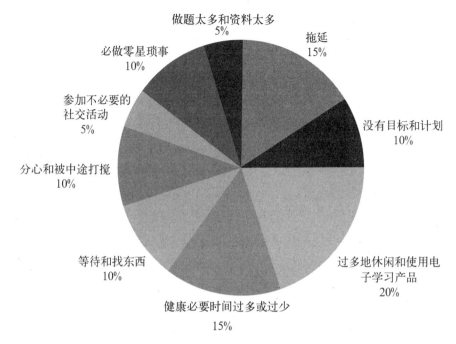

做题太多和资料太多
5%

拖延
15%

必做零星琐事
10%

没有目标和计划
10%

参加不必要的
社交活动
5%

分心和被中途打搅
10%

过多地休闲和使用电
子学习产品
20%

等待和找东西
10%

健康必要时间过多或过少
15%

图2-2 九大盗贼盗窃时间比例图

2.克服拖延的法宝

拖延会对我们的学习和生活造成极大的危害，在这里，我们把拖延单独拿出来，大家一起来讨论克服拖延的方法。

（1）色拉米法，也叫"香肠切片法"

"色拉米"是意大利的特产香肠。在切片之前，又大又难看，令人难以下咽。但在切成薄片之后，因形状及色调改变而颇能引起食欲。通俗点就是化整为零，将整体分成数个部分，逐个解决掉，比如，有很多同学不是一门功课中的某一章节没有把握，而是整个一门功课都没有打下基础。整门功课要补上来，是要费很长时间和精力的，有拖拉习惯的同学心中就有了畏惧，不愿动手。建议这些同学可以先一节一节地将这门功课"切开""吃掉"，等自己的成绩提高了、有了胃口，就可以如法炮制地切掉下一个章节了。

（2）书面理由平衡法

拿出一张纸，在纸的左边标出拖延的理由，在纸的右侧则列出办妥被拖延的事情的潜在好处。比如，因拖延没按时交作业，你可以在纸上这样写。

表2-7　交作业情况比较表

没按时交作业的理由	按时交作业的好处
1. 我将这段时间用于打篮球了 2. 题目太难了不会做	1. 打篮球的时候，我还想着做作业的事，如果做了作业，我就可以轻轻松松打篮球了；再说，我打篮球的时间够多了 2. 按时交了作业，老师就不会当众批评我了 3. 按时交作业，可以锻炼我的自律能力，对我将来很有帮助 4. 题目难我可以请教别人，通过做这样的题目，我可以掌握相关类型题，考试再碰到这样的题型，我就没什么好担心的了

通过这样的比较，每一个被拖拉的事件背后，你总能发现，左边理由通常只有一两个完全站不住脚的情绪上的借口，而右边一栏则有很多好处。这种书面平衡法能令有拖延恶习的人在逃避的心态中觉醒，并树立积极的心态和思维方法。

（3）避免过分追求尽善尽美

有很多这样的同学，想学画画，去买了这样的夹子那样的笔；想出去锻炼，却先去买专业的鞋和衣服。结果这些东西买来了，先是把玩，后是炫耀，本来的目的早就烟消云散了。克服拖延的方法，先不要管做不做得好，第一步就是去做。想学英语，翻开课本读就是了；想锻炼，穿皮鞋、打赤脚都可以上场。

（4）固定时间处理法

你可以用固定的时间，如星期三晚上或周末，来处理一周被拖延的事情。用周末的好处是，你不仅可以自由支配时间，还可以因强制自己加时处理后，美美地睡到第二天上午而不用担心上课或考试了。

（5）给自己加压和加强自律

如果你明白自己是一个做事拖拉的人，当你制订计划后，很担心自己完成不了，建议你同自己签一个合同来约束自己。同时，最好还要请你的老师或有行动能力、果敢的同学做你的见证人。这份合同要清楚地标注你的具体目标、完成目标的时限。参考样本如下：

数学复习合同书

我，刘某，为尽快提高数学成绩，将在本学期第6、7、8、9周（3.16—4.12）内完成对高中第二册数学全面系统的复习。复习期间平均每天保证不少于150分钟学习课本和做题的时间。同时，为了确保按计划完成，每周五或周一晚上我会请我的见证人张某对本人的学习进度进行检查。通过这一个月的强化学习，力求在高二数学模拟考试中达到110分。如果达成目标，我会奖励自己"五一"期间去龙虎山旅游一趟。

附：高二数学复习学习计划

签名：   见证人签名：

时间：   时间：

这份自律合同书，最好一式两份，原件留给自己，复印件留给监督人。需好好保存，每天拿出来看，同时想象自己达成目标时的样子，甚至可以想象自己在大学学习的情景，并给予自我暗示。如果在执行计划的过程中，发现自己尽力了，但是完成不了，就要检查任务是不是过重了，同其他科目是不是冲突了，自己是不是丧失干劲了，然后再做出适当调整。

四、教师总结（约3分钟）

（1）很多时间浪费了，但就是不知道浪费在什么地方，给时间做账是找到浪费原因的好方法。

（2）浪费时间的众多主观因素中，拖延、无目标和无计划是我们最大的死敌。

（3）时间管理的内容：找到适合自己健康的必要时间，最大努力地减少无用功时间，最大限度地增加有效学习时间。

第三单元　目标、计划与行动

【活动目标】1. 认识到目标对个人的导向作用

2. 学会为自己制订合适的目标和计划

3. 激发实现目标的行动力

【活动方法】讲授法、讨论法

【活动时间】1课时

【活动准备】多媒体课件

【活动过程】

一、游戏导入（约5分钟）

《"全体"一起来》

要求：根据老师的口令做动作。

注意：只有在听到"全体"二字的时候才做出相应的动作。

练习：举起左手——全体举起左手——放下——全体放下。

正式活动：双手交叉拍肩——全体双手交叉拍肩——停下——全体停下；

　　　　　拍手——全体拍手——停——全体停下。

教师：感谢大家的热情，欢迎大家来到我们心理与学法的课堂，本次课是时间管理系列课程的第三次课——目标计划与行动。

二、目标篇（约15分钟）

1. 目标的重要性

（1）分享：回顾今年，你是否在这一年初给自己设置了目标？设置了什么目标？渐进年末，你的目标是否已经实现或即将实现。

（2）目标的重要性——哈佛大学25年跟踪调查。

总结：目标对人生有巨大的导向性作用。成功在一开始仅仅是一个选择。你选择什么样的目标，就会有什么样的成就，就会有什么样的人生。

2. 目标分解——查得维克的故事

分享：（1）同一条海峡，查得维克为什么在第二次能够成功？

　　　　（2）通过这个故事你有什么启发？

总结：光有一个长期目标对我们来说并不容易实现，我们应该学会将长期目标分解开来，脚踏实地，一步一步地，通过一个又一个短期目标的实现，最终达到长期目标。

3. 确立目标——smart原则：

（1）S-Specific（具体的）：指高中生要有具体的学习目标。

（2）M-Measurable（可度量的）：指评价学习结果的指标是数量化的。

（3）A-Attainable（可实现的）：指在付出努力的情况下可以实现学习目标，避免设立过高或过低的目标。

（4）R-Relevant（相关性）：指实现某学习目标与其他目标的关联情况。

（5）T-Timebased（时限性）：指给自己制订实现目标的时间。

三、计划篇（约15分钟）

1. 视频《马冬晗特别奖学金答辩视频》

教师：2011年，一段《清华大学特别奖学金答辩——马冬晗》的视频在网上疯传。视频中进行特别奖学金答辩的精仪系马冬晗同学，多门功课都超过了95分，被戏称为"清华学霸"。视频中出现的《一周时间安排表》上，密密麻麻的学习时间安排让网友惊叹。

马冬晗作为我们的榜样，并非每个人都能学的来，但是她制订学习计划的做法是值得倡导的。制订学习计划能为我们创造更多的时间来提高学业成绩，能使我们有足够的时间投入自己的兴趣爱好上，能使我们的生活井然有序、充满成就感和充实感。

$$制订日计划\begin{cases}\text{Paper 纸张}\\\text{Writing 写}\\\text{Doing 做}\\\text{Cheeking 检查}\\\text{Redoing 重复}\end{cases}$$

小技巧：

（1）还没有熟悉时间管理技巧和形成习惯之前，计划务求详尽。

（2）预留弹性时间。

（3）睡觉前制订明天的计划，并对今天的实施情况进行反思，这样效果更好。反思以下内容：

①今天做了哪些有意义的事？

②今天有哪些事情是适当时间内做的？

③今天有哪些是在不适当的时间内做的？为什么在不适当的时间做了这些事情？

④今天在哪一段时间着手进行最重要的工作？为什么这段时间做这份工作？这工作是否可以提早进行做？

⑤今天最有效率的是哪段时间？为什么这段时间最有效率？

自己制订一些奖惩措施，做到自我检查、自我督促、自我验收。

四、行动篇（约8分钟）

引入：《为梦想追逐》

分享：通过这个视频，你有什么感触？你认为你应该怎样做？

五、教师总结（约2分钟）

这节课，我们一起学习了制订目标和计划的方法，这些目标和计划在你觉得必要的时候可以调整，但是制订完目标和计划最重要的目的就是要完成它，只有你行动了才有可能实现，不行动的话所有目标都是空想。我们还要有持之以恒的毅力去坚持，这就需要我们同学在平时的时候不断地磨炼自己的意志。有志者，事竟成。

第四单元 分清事情的轻重缓急

【活动目标】1.引导学生掌握如何分清事情的轻重缓急

2.引导同学们掌握时间管理的方法

【活动方法】讲授法、讨论法、演示法

【活动时间】1课时

【活动准备】广口瓶、大石块、砾石，沙子和水、智慧盒

【活动过程】

一、小实验（约10分钟）

现有一个广口杯、一些大石块、少许砾石，一些细沙和一杯水，要将这

四种材料装进一个大玻璃杯子中，并且最大限度地装满这个广口杯，请问如何又快又好？（学生回答）

教师：我们可以把一天、一周、一天月甚至一年所有可以利用的时间设想为一个广口瓶，各种不同的任务分别是大石块、砾石、沙子和水，要想将这个大杯子装到最满，就必须把"大石块先放进去"——优先处理重要的任务。

从现在开始，请同学们思考在你的生活中，哪些事情应该是决定你人生水杯充盈程度的"大石块"？哪些事情是生活中相对不重要的"砾石、沙子和水"？在优先处理重大事件之后，如何合理安排相对不重要的事情呢？

二、艾森豪威尔法则（约20分钟）

作为学生，除了学习，还有许许多多的公共和私人的繁杂事务。这些繁杂事务中有些看似小，却不得不做；有些看似重要，实则是浪费时间。在多数情况下，我们忙忙碌碌在这样那样的繁杂事务中一天又一天地度过，等回顾起来，才发觉这一周，这一个月好像没什么收获，心理既觉得空荡荡的又觉得堵得慌，想找个地方发泄。为什么会出现这样的感觉？主要的原因就是除了做事没有很好的计划外，还有就是没有将事情按合理的顺序排序并一一把事情做掉。对于如何才能做到将繁杂的事务按合理的顺序排序，美国前总统艾森豪威尔总结出了一套处理事务的方法。这套方法大致如下。

第一步，如果突然集聚了很多事务，首先需要在短时间内理出头绪，找到切入点，并把所有任务都列举出来，一一分析其重要性和紧迫性。

第二步，根据重要性和紧迫性将任务分为四类：第一类，重要且紧急的事，记为 A；第二类，重要但不紧急的事，记为 B；第三类，不重要但紧急的事，记为 C；第四类，不紧急也不重要的事，记为 D。

第三步，按 A—B—C—D 的顺序一一处理之。

以上用二维图表示如下：

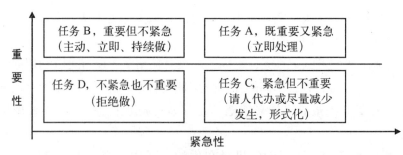

图 2-3　艾森豪威尔法则二维图

下面，我们根据上面的方法，来做一个小测验，考查一下大家是否掌握了它。下面是一位同学一天中的计划或遇到的任务，请按艾森豪威尔法则在二维图中分类并排序。

（1）练小提琴。你将要参加一个重要的比赛。小提琴一直是你的爱好和特长，你也想在此方面有所发展。

（2）数学复习。本周你将数学定为你的学业重点。今天是星期四了，星期二、三的计划还没有完成。

（3）复习物理。因为明天就要期中考试。

（4）陪小刘上街买东西。周六是《赤壁》首映式，《赤壁》是你最热切想看的动作片，最好的朋友小刘答应给你弄一张票，但条件是你今天要陪她上街买裙子。

（5）锻炼。最近上课老打瞌睡，你估计是缺少锻炼。

（6）看小说。你正在看热门小说《盗墓笔记》，每天都在晚饭后看上几页，但往往控制不了时间。

（7）洗衣服。你是住校生，由于拖延，有很多衣服没洗，再不洗就没衣服穿了。

（8）同父母谈心。父母中午来电话说他出差路过学校，约你在晚上 6 点左右谈谈。上周周末你一连看了一个下午电视，他批评了你。你正同他闹别扭，这几天心情很不好。

接下来，同学们以小组讨论的形式来分析一些这些事情以及处理方式。（小组讨论）

分析及处理方式：

A 类既重要又紧急的事情。这类事情是有期限的，若不及时处理会造成严重的后果。比如说（5），你若不及时锻炼，就会直接影响你下面的学习效果。

B 类事情是重要但不紧急的事情。这种事情事关全局，尽管可以延时处理，但必须将主要精力和时间花在上面，持续做。否则，这类事情就会变成A，让你痛苦不堪。比如（2），它是你一周的最重要的事，你要花最多的时间来处理它。这里还有一个规律，那就是最重要的事往往不是最紧急的。

C 类紧急但不重要的事情。这类事情占据了我们很多时间，甚至让我们误以为是重要的且必须马上处理的 A 类事情。事实上，它是由于我们的惰性、拖延或不良习惯造成的。我们尽量早做准备、拒绝接受这类事情或者委托他人办理。比如（7），你可以在洗澡之后及时处理或请人帮忙。

D 类是既不重要也不紧急的事情。处理这类事情的最好办法就是不处理、不理它。问题是你想不理它，但它偏偏诱惑你、干扰你，让你不能忽视它的存在，比如（6）和（3）。对于（3），你肯定想复习，但突击没有多大效果，同时极有可能耽误数学复习。拿出决心和勇气放弃这类事情是你最好的选择。

三、大家来支招（约10分钟）

通过刚才的案例，看来同学们对艾森豪威尔法则有了一定的了解。下面呢，大家花几分钟的时间来思考：对我来说，目前我的 ABCD 类事情分别是什么？同学们分小组，每小组 6～7 人，每个同学将这些事情分条写在纸上，然后揉成团，放在"智慧盒"里。然后，小组内每位同学从里面抽取一个纸团，打开后，按照艾森豪威尔法则来分析如何解决这些事情。

思考：通过持之以恒地运用艾森豪威尔法则，我赢得了时间，我将利用这些时间来做什么？

四、总结（约5分钟）

时间管理成功的关键在于，把要想完成的工作按照 A、B、C、D 分成四等排成顺序，从而确定一个鲜明的优先原则：

*A 类工作是最重要的工作，优先完成。

*B类工作一般来说也很重要。

*C类工作虽说价值颇微，但在工作中所占的份额却最大。

*D类那些既不重要又不紧急的工作，就让它们见鬼去吧！

如果按照艾森豪威尔法则完成了每日目标，节约了时间，那么你可以重新决定如何利用这部分剩余时间。不积跬步，无以至千里；不积小流，无以成江海。充分利用每一分钟，实现心中的理想吧！

第五单元　时间管理的其他方法

【活动目标】1.引导学生了解更多的时间管理策略

　　　　　　2.进一步改善时间管理策略

【活动方法】讲授法、讨论法，角色扮演

【活动时间】1课时

【活动过程】

非常高兴同学们在此之前已经有了时间管理的意识，我也为同学们的积极进取心态而骄傲。不过，我们要想管理好时间，只靠自己的意识还是不够的，我们还需要做很多，今天呢，我们再讨论其他几种时间管理策略。

一、角色扮演（约10分钟）

根据描述的情景，请4名同学进行角色扮演。情景如下：

一个夏天的晚上，我独自一人在家。此时，我正用煤气烧水，水"咕嘟咕嘟"马上就要开了。可是，这时忽然天气电闪雷鸣，风雨大作，家里的电视机还开着。而且，窗户也都没关。更不巧的是，此刻电话铃响了，可能是同学的电话。正在这时，妈妈回来了，她没拿钥匙，我需要给她开门。

所需要角色：主人公（我）、打电话的人、妈妈、音效（水开的声音、电闪雷鸣、电视机、电话铃、敲门声）

角色扮演后大家讨论：遇到这种情况，你会怎么办？

当我们在同一时间遇到很多事情的时候，很多同学就会不知所措。就像刚才的角色扮演。很多同学对如何解决这种情况都发表了自己的观点，但是这些办法是最优办法么？当我们在遇到这种情况的时候，我们最想寻找一个最优化方法，一种既方便又省力的方法。我们上一节课学习了艾森豪威尔法则，告诉我们遇到事情的时候要注意轻重缓急，这是一种时间管理的有效方法，今天呢，我们再讨论其他几种时间管理策略。

二、其他的时间管理策略（约 30 分钟）

行为心理学研究表明：一个动作和一个想法，你如果连续重复做 21 天或 21 次，就会变成习惯的行为和想法；90 天的重复就会形成稳定的习惯。

对于学习也是如此，只要我们在时间管理上摸索出最适合自己的方法，不断重复，养成良好的使用时间的习惯，目标就会离我们越来越近。从这一节课开始，我们来了解、学习一些其他的时间管理的方法和技巧。

1. 根据生物节律制订学习计划

大家在学习中是否有过这样的现象：一天中到了某个时间段你会感觉精神萎靡，而到了另一个时间段又感觉特别有精神，也容易集中注意力学习。这是因为我们体内的生物节律在发挥作用。为了使我们的时间管理更有效，认识了解并有效利用生物节律对我们非常重要。

表 2-8　有效利用生物节律表

时间段	身体状态	适宜做的事情
6—7 时	第一次最佳记忆时期	背诵、学习
7—8 时	血液加速流动	早餐
8—11 时	精力旺盛，记忆力强	学习、从事脑力劳动
11—12 时	此时最为清醒	决策、解决问题
12—14 时	进入困乏期	午餐、午休
14—15 时	下午低沉期	易处理不重要的事情
15—16 时	思维又开始活跃	易进行长期记忆
16—17 时	听觉敏锐	练习外语听力
17—18 时	人体的体温最高	适宜体育锻炼
18—19 时	有饥饿感	晚餐
19—22 时	反应异常迅速、敏捷	是学习的最好的时间
22 时以后	人体各脏器活动开始减慢	最适宜休息

当然，每个人的生物节律可能不一样。大家可以根据自己的实际情况有所调整。

3. 学习要有限制和鼓励

人总是倾向于拖延时间。如果不加以限制，会产生一系列的消极后果：很多要预习的科目没有预习、要复习的没复习、要做的作业和练习没做，成绩一路下跌，精神压力越来越大。所以，制订计划要有时间限制，并尽可能根据自己的客观能力制订出合理的时间限制，包括限定时间、限定速度、限定准确率。这种目标明确、有压力的学习，可以使注意力高度集中，提高复习效率。

4. 学习要有反省

高中生在完成了一天的紧张的学习之后，要对自己的一天的学习情况有一个反省。可以从以下几个方面入手：

(1) 今天都学了些什么？高中生可以在头脑中将一天所学的知识进行回顾，对于记忆模糊或者没有学会的知识及时予以弥补。

(2) 今天最有效率的是哪段时间？为什么这段时间最有效率？高中生可以根据自己的总结，发现自己的最佳学习时间，在以后的学习中充分利用，提高学习效率。

(3) 今天有哪些学习任务是在适当的时间内完成的？有哪些学习任务是在不适当的时间内完成的？为什么在不适当的时间内做了这些事情？高中生应对自己的学习进行监控，要求自己根据学习计划在适当的时间完成适当的事情，提高学习效率。

5. 巧用零碎时间

虽然高中生学习任务紧，学习压力大，但是也会有很多零碎的时间，很多同学对这些零碎的时间不以为然，但是如果合理利用起来的话，也能处理很多问题。高中生可以利用下课时间来讨论问题或向老师请教问题，这就节省了课堂时间；也可以用等公交的时间来记忆地理地名、历史年代或英语单词等。

三、反思（约 5 分钟）

今天学到了什么？有什么收获？这会对我以后的学习产生什么样的影

响？组织同学们讨论在时间管理课程中的心得体会，并写在小纸条上，交给老师保存。

创造力提升课程方案

【一】课程名称

让创意破壳而出

【二】课程性质

同质的、封闭的与结构式团体辅导相结合的课程

【三】参加对象

以班级为单位的高一年级全体学生

【四】时间安排及地点

每周一次，共五次，每次45分钟

地点：各班教室

【五】理论依据：

创造力是根据一定的目的和任务，运用一切已知条件和信息，开展能动思维、活动，经过反复研究和实践，产生某种新颖的、独特的、有价值的成果的能力。创造力是成功完成某种创造性活动所必需的心理品质，是一系列连续的复杂的高水平的心理活动。它要求人的全部体力和智力须高度紧张，创造性思维要在最高水平上进行。创造力不受固化的心理定式的影响，能无拘束地自由地发挥想象，对事物往往有独到的见解。它是一个人能够超脱思维定式、传统观念、习惯势力，不断产生新思想、新发现和创造新事物的能力。

创造力构成包括以下三个方面：（1）作为基础因素的知识：包括吸收知识的能力、记忆知识的能力和理解知识的能力。吸收知识、巩固知识、掌握专业技术、实际操作技术、积累实践经验、扩大知识面、运用知识分析问题，是创造力的基础。任何创造都离不开知识，知识丰富有利于更多更好地提出创造性设想，对设想进行科学的分析、鉴别与简化、调整、修正；并有

利于创造方案的实施与检验；而且有利于克服自卑心理，增强自信心，这是创造力的重要内容。（2）以创造性思维能力为核心的智能：智能是智力和多种能力的综合，既包括敏锐、独特的观察力，高度集中的注意力，高效持久的记忆力和灵活自如的操作力，也包括创造性思维能力，还包括掌握和运用创造原理、技巧和方法的能力等。这是构成创造力的重要部分。（3）创造个性品质：包括意志、情操等方面的内容。它是在一个人生理素质的基础上，在一定的社会历史条件下，通过社会实践活动形成和发展起来的，是创造活动中所表现出来的创造素质，是构成创造力的又一重要部分。

创造力的行为表现为 3 个特征，即变通性，流畅性，独创性。变通性指思维能举一反三，不易受心理定式的干扰，能产生超常的构想，提出新观念。流畅性指反应既快又多，能够在较短的时间内表达出较多的观念。独创性是指对事物具有不寻常的独特见解。聚合思维在创造能力结构中同样具有重要作用。所谓聚合思维是指利用已有定论的原理、定律、方法，解决问题时有方向、有范围、有程序的思维方式。发散思维与聚合思维二者是统一的、相辅相成的。人们在进行创造性活动时，既需要发散思维，也需要聚合思维。任何成功的创造性都是这两种思维整合的结果。

根据皮亚杰的认知发展理论，高中生的认知水平处于形式运算阶段。此阶段学生的思维水平已得到很大的提高，记忆力、想象力、观察力等能力得到了迅速的发展，并且，思维具有较强的抽象性；他们能够根据自己的目标设定和检验假设，监控自己的思维活动，并能跳出思维的局限性，用新方法解决问题；他们已经善于考虑问题的多方面和可能性，根据问题进行逻辑性的推理、分析，解决问题的准确性和有效性也得到了发展。从认知心理方面来说，高中生已经具备了创造的条件，他们的创造力就是运用所学知识、技能，获得知识、解决问题的能力，并且问题相对于学生个人来说是新颖的。高中生的创造力具有三个比较显著的特点：第一是独立性，对问题是经过自己思考、分析、解决的，是自己的见解，而不是其他人已经采用的方法的简单重复。第二是相对新颖性。对于学生本人来说，问题的整个解决过程应该是新颖的，是以前没有遇到的。这种创造主要是一种"类创造"，是个体发展中的第一次的"创造"。第三是在学科学习中表现出来并具有个体的差异性和可检测性。

【六】课程设计的意义

创造是人类美好的行为，是高尚的劳动。人类社会所有的物质文明和精神文明都是人类创造的结果。经过漫长的历史发展，我们发现，创造不是神的旨意，也不是少数天才的独白，人人都有创造力，人人都可以进行创造。

然而很多同学会发出质疑：为什么我没有发现自己有创造的天赋？

高中生正处于创造力形成的关键时期；好奇、爱思考、爱发问，应当是高中生的优点，也是所有创造的必要条件。可惜，一些高中生在成长的过程中，随着知识的增多，能力的发展却相对滞后，特别是应试教育模式使高中生成天处于背诵知识、应付考试的被动状态，缺乏自主学习、创造性思考和实践的机会，想象力被抑制，不敢提出问题，对新奇事物也不敏感了。

确实，有些同学的创造力正处于沉睡状态，所以他们看不到自己有创造力。如果长此以往，成为一种行为习惯，想要唤起就很困难了。

本次系列课程设计的意义，在于给高中生提供一个发展创造力的契机，通过我们的努力，打破束缚创造性人格发展的框框，接通创造性思维之源，点亮创造之灯，释放高中生内在的创造激情。

【七】课程方案

表2-9 系列课程设计表

单元	名称	单元目标	活动流程及内容
第一单元	只缘身在此山中——认识创造力	通过小测验，引导同学们对自己的创造力的情况有一定的了解 引导同学们认识到限制创造力的因素，为之后的方法和技巧部分做铺垫	团队创意秀 我的创造力 元芳，你怎么看？ 总结
第二单元	山重水复疑无路——完善自我	引导同学们认识自我限制在创造力开发上的危害 通过游戏认识自己在创造力上的优点与不足 遵循心理学和高中生认知规律，通过有趣的事例和练习，引导高中生突破自我，完善自我	1. 故事引入：生锈的锁和生锈的思维 2. 创造力自画像 3. 突破自我 4. 完善自我 5. 总结

59

单元	名称	单元目标	活动流程及内容
第三单元	柳暗花明又一村——挑战思维定式	引导同学们认识思维定式及其优缺点 引导同学们掌握应对思维定式的四种方法	1.心理小测试 2.右脑思维力训练 3.思维流畅性训练 4.思维变通性训练 5.思维独创性训练 6.总结
第四单元	破茧成蝶出创意——打破成规	引导同学们打破常规，突破限制，鼓励创意思考 引导同学们学会发散思维 体验集思广益解决困难的快乐，培养积极向上的创新意识	1.言不由衷 2.九点连线 3.尝试逆向思维 4.总结
第五单元	感同身受启思维——观察的技能	引导同学们掌握观察的技能，提高创造意识 促使同学们产生将学到的方法应用于实践的意识	1.猜一猜，找一找 2.观察的技巧 3.总结

【八】课程具体安排

第一单元　只缘身在此山中

——认识创造力

【活动目标】1.通过小测验，引导同学们对自己的创造力的情况有一定的了解

2.引导同学们认识到限制创造力的因素，为之后的方法和技巧部分做铺垫

【活动方法】讨论法、讲授法、游戏法

【活动时间】1课时

【活动准备】硬纸板、彩笔、剪刀，威廉斯创造力倾向测验、答题纸

【活动过程】

教师:同学们,大家都吃过苹果吧?但是,在苹果界呢,有三个最"著名的苹果",大家知道是哪三个苹果吗?(同学自由发言)

对,世界上有三个著名的苹果:第一个苹果诱惑了夏娃,于是,就产生了直教人生死相许的爱情;第二个苹果砸中了牛顿,于是,给我们带来了"万有引力"理论;第三个苹果被乔布斯咬了一口,他创立了苹果公司,给我们带来了先进的科技。可以说,以上三个苹果的主人都是有所创造的人。那么,作为高中生的我们,是否也希望成为像他们一样,有创造力、能够有所作为的人呢?好,那么下面,我们一起来进入《让创意破壳而出》的系列课程,希望通过几次系列课程的学习,大家能够克服思维定式、掌握创造技巧、提高实践和创新能力。

一、团队创意秀(约18分钟)

首先,我们大家一起来做一个活动。请大家分成6人一组的团队,选出一个组长,并为自己的团队设计队旗、队徽和口号。看看哪个队设计得更有创意。我们以后的活动很多都是在这次分组的基础上进行的。

讨论:通过这个活动,大家有什么感受?

教师:在活动中,如果我们墨守成规、因循守旧,我们是不会创造出这么有创意的队旗、队徽和口号的,甚至还会落后于其他的队伍。所以,发挥我们的想象力,才能创出更多、更新奇的成果。

二、我的创造力(约13分钟)

同学们,在刚才的团队创意秀中,我们可以看到每个人都发挥自己的聪明才智,积极参与到活动中来,可以说是八仙过海,各显神通。但是,每个组出来的结果却不尽相同,有的组的结果遵循常规,规规矩矩;有的组疯狂创意,让人大跌眼镜。但是,我们在活动中都融入了每个人的创意。那么,大家想不想知道自己的创意水平到底有多高?好,下面我们先做一个小测验。这个小测验是来帮助你了解你的创造力水平的。在下列句子中,如果你发现某些句子所描述的情形很适合你,则请在答案纸上"完全符合"的选项

内打钩；若有些句子只是在部分时候适合你，则在"部分适合"的选项内打钩，如果有些句子对你来说，根本是不可能的，则在"完全不合"的选项内打钩。

我们刚才对自己的创造力水平的现状做出了评估。请大家根据结果思考，限制我们创造力水平的因素有哪些？请大家以刚才的小组进行讨论，选出一名记录员和发言人。（讨论并发言）下面，我们一起来进入——"元芳，你怎么看？"

三、元芳，你怎么看？（12分钟）

通过大家热烈的讨论，我们的神探和我们一起找到了几个限制我们创造力的"嫌犯"。下面我们一一来看，看一看，在我们身上是否有它的影子。

1.逻辑思维的限制

我们从小到大的学习、考试的模式基本都是逻辑思维的训练。逻辑思维是指能够借助于语言来表达的思维。我们在学习中接收到的教育往往是——做事要注意判断、推理、分析、综合，要符合逻辑。可是，当我们面对一些富有挑战性、无从下手的难题的时候，运用逻辑思维的方法往往达不到目的。但是，有时忽然之间灵感一现，某个直觉能够帮我们翻山越岭，找到新途径和新办法。下面，我们来做个小测试，看大家是否被逻辑思维限制住了。

思考：请大家在短时间内列举出猫和冰箱的关系。讨论：你是如何想到二者之间的关系的？这个活动对你有什么启发？

教师：我们在学习中强调逻辑思维，说明它是有一定的重要地位的。但是，我们有时候也需要灵感、需要直觉，这就告诉我们非逻辑思维也是必不可少的。

那么，到底什么是非逻辑思维呢？非逻辑思维，严格说，它属于人们内在的心理活动，这类心理活动本来并不需要，甚至有时还难以用言语的方式来表达。它具有突发性、瞬时性、跳跃性、模糊性等特点，形式主要有联想、想象、隐喻类比、灵感、直觉、顿悟等。非逻辑思维，无论在科学创造中，还是在文艺创作中，常常显示出惊人的创造性。

2. 客观权威的限制

为什么中国的学生在全世界都能考出优秀的成绩，但往往缺乏创造力的突破和独立的思维呢？诺贝尔获奖者杨振宁曾经说过，中国的学生知识丰富，善于考试，但却不善于想象、发挥和创造。延续2500多年的儒家文化形成的亲、尊、长、幼、君、称、夫、子，逐级服从的社会风尚，要求孩子们必须服从父母；学生们必须相信教师所说；教科书上的东西都是对的，权威的训导必须服从，科学定律不准讨论或修改。试卷设标准答案，不允许考生有所发挥。这些无形的枷锁钳制着人们挑战权威的勇气，禁锢了我们成长的翅膀，让我们无法飞翔。而我们真正应该做的是：不要迷信书本，也不要迷信权威，更不要被经验所束缚，拥有自己的思想，才能有更广阔的思维空间。

3. 自我限制

（1）自我否定：有的同学不承认自己的能力。比如，或认为自己没有创造力，或是认为自己没受过某种专业的训练，等等。实际上，在创造过程中，一定的自责有时虽然必要，但是过分看重自己的不足则会对自己丧失信心。

（2）情感障碍：有的同学不敢冒险，害怕失败，这可能是由于害怕自己的创造被拒绝而失去团体和社会的归属感，因而不敢冒险（在此介绍社会心理学家阿希的群体压力试验）。也有的同学过分看重自己的创造成果，而妨碍自己和他人做进一步的改进。还有的同学在情感上不容"混乱"，表现为不能够忍受不确定的、存在多种可能性的状态。还有的同学，不会幽默，不会放松，不敢有游戏心，束缚了想象力。

（3）认知障碍：主要有感知不敏锐、功能固着，过分遵守规则，人云亦云，缺乏独立见解，等等。感知不敏锐是指在认识一开始就不主动、不积极、不敏感的状态。例如，小时候我们使用剪子的时候，会对妈妈说："好不方便啊！"但是，妈妈经常说"习惯就好了"。于是，时间长了，我们对周围不方便的事物逐渐缺乏了提问的好奇心，缺乏了探索的勇气。

四、总结（约2分钟）

同学们，本节课我们通过活动展现了我们的创意，也通过小测试了解了

63

我们创造力水平的高低，同时在大家的齐心协力下找到了限制我们创造力的"三大嫌犯"。希望大家这节课对自己的创造力有一定程度的认识，在接下来的学习中，我们将一起来探讨如何提高我们的创造力水平，让我们的创意破壳而出！

第二单元　山重水复疑无路
——完善自我

【活动目标】1. 引导同学们认识自我限制在创造力开发上的危害

　　　　　　2. 通过游戏认识自己在创造力上的优点与不足

　　　　　　3. 遵循心理学和高中生认知规律，通过有趣的事例和练习，引导高中生突破自我，完善自我

【活动方法】讨论法、讲授法

【活动时间】2 课时

【活动准备】每人一张小纸条

【活动过程】

一、故事引入（约 8 分钟）

生锈的锁和生锈的思维

一代魔术大师胡汀尼有一手绝活，他能在极短的时间内打开无论多么复杂的锁，从未失手。他曾为自己定下一个富有挑战性的目标：要在 60 分钟之内，从任何锁中挣脱出来，条件是让他穿着特制的衣服进去，并且不能有人在旁边观看。

有一个英国小镇的居民，决定向伟大的胡汀尼挑战，有意给他难堪。他们特制了一个坚固的铁牢，配上一把看上去非常复杂的锁，请胡汀尼来看看能否从这里出去。

胡汀尼接受了这个挑战。他穿上特制的衣服，走进铁牢中，牢门哐啷一声关了起来，大家遵守规则，转过身去不看他工作。胡汀尼从衣服中取出自

己特制的工具，开始工作。

30 分钟过去了，胡汀尼用耳朵紧贴着锁，专注地工作着；45 分钟，一个小时过去了，胡汀尼头上开始冒汗。最后两个小时过去了，胡汀尼始终听不到期待中的弹簧弹开的声音。他精疲力竭地将身体靠在门上坐下来，结果牢门却顺势而开，原来，牢门根本就没有锁，那把看似生锈的锁只是个摆设而已。

讨论：为什么胡汀尼无法打开门锁？

总结：门没有上锁，自然也就无法开锁，但胡汀尼心中的门却上了一把锁。大师的失败在于他头脑中的思维定式，他的目标从"逃生"不知不觉中转换成了"开锁"。况且，他先入为主的概念告诉他：只要是锁，就一定是锁上的。别人并没有给她这样的限制。这个限制是他自己加上的，这就叫自我限制的障碍。同学们，大家一起想一想，在我们的心中，是否也有这样一把锁，将我们的想象力和创造力牢牢地封锁了，使我们的视野越来越狭窄？

二、创造力自画像（约10分钟）

同学们，在古希腊戴尔菲城的神庙里，唯一的碑铭上镌刻着几个字"认识自我"。这句话犹如一支千年不灭的火炬，表达了人类与生俱来的内在要求和至高无上的思考命题。一个人一生中最好的朋友是自己，最大的敌人也是自己，最难超越的更是自己。我们只有正确认识自己，才能对自己的心理和行为进行调整，完善自我，挖掘出最大的潜能。下面，我们来做一个小游戏。游戏的名字叫"创造力自画像"。

创造力自画像

要求为自己的创造力画个"像"，请用陈述句，围绕"我是谁"这样一个问题，用下面的句式写下 10 个最能描述自己的创造力的句子。注意：这些句子要与创造力相关。比如，有幽默感是创造力的一个条件，所以，可以这样写：我是一个有幽默感的人。（要求认真准确，如实描述，写到发的小纸条上。）

分享：你真正了解自己在创造力上的优点和不足吗？面对优点和不足，我们应该怎样做？通过这个游戏有什么感受？（集体分享）

教师：了解自己，是改变自己的第一步；改变自己，是完善自己的第一

步。我们要充分认识到自己的优点和不足，扬长避短，不可改变的接受它，应该改变的改变它。

三、突破自我

创造不是一帆风顺的，通向成功之路必定要经历许多失败。许多人一生平庸，无所创新，就是因为讲究平稳、害怕失败、不敢冒险。我们在成长的过程中，要突破这种创造上的障碍，不断完善自我。

1. 要敢于冒险（约6分钟）

突破创造情感上的障碍、完善自我，首先要敢于冒险、敢于创新。对待任何新的事物多问几个为什么，当存在一定风险的时候要敢于挑战。大多数中国的孩子都因为小时候喜欢拆玩具，曾经有被父母责怪的经历，这样往往容易阻碍创造的脚步。

在下表中列举一件最近你非常想做的比较冒险的事情（不是指有危险性的事情），试写出假如做了，事情发生的最坏结局、最好结局和最坏趋势、最好趋势。

表 2-10　冒险的事结局表

冒险的事	最好结果	最好趋势	最坏结果	最坏趋势
重新组装不走的手表	修好了	以后修理更多的物品	装不上了，挨批评了	以后再也不修理物品了
（由你来填写）				

2. 克服习得性无助（约5分钟）

一次外出到动物园，看到一头巨象被一根细细的铁链子锁在一根小小的木桩上，周围只有一圈矮矮的木栅栏。那一头巨象的力量，一个小跑就能把链子挣断，一甩鼻子就能把栅栏甩到天上。人们好奇地问："大象不会跑掉吗？"导游说："不用担心他会跑掉。这头象刚来的时候还很小，当时就用这根链子、这根木桩和这个栅栏来拴住它。因为它当时还根本没有挣断铁链子的力量。小象一天天长大，可它并不知道自己现在的力量可以挣断链子逃出去。但它再也没有那样想，也没有那样尝试，于是，它就永远待在了这里。"

讨论：联想我们的实际，大家有什么启发？大家是否可以举几个你现实中的例子？

像大象的这种行为就称作是习得性无助。习得性无助是指由于个体连续的经历失败、挫折的体验而导致个体对事物感到无法控制、无能为力，从而产生自暴自弃、丧失信心的心理状态和行为。其实，我们在座的很多同学都被这样一条链子锁着。面对种种限制和规范，我们默默地低下头，小心谨慎地把自己的思维半径痛苦地划定在标注答案之内。所以，要想使创新破壳而出，我们需要冲破画地为牢的思想束缚。

四、完善自我（约13分钟）

我们每个人都有创造的潜质，让我们去了解那些我们认为的处在创造之巅的人们的性格特点，或许对我们创造潜能的开发会有一些帮助。下面，同学们，以6人为1个小组，来列举你所了解的创意之星以及他们有哪些性格特点？

可能被提到的创意之星有：爱迪生、爱因斯坦、福特、富兰克林……

这些创意之星有很多共同之处：

他们中的许多人在传统的教育体制下并没有表现出不同于常人的一面。

他们热衷于和社会接触，喜欢结交不同的人并和他们交流。

他们从不轻易放弃，有高度上进心。

没成名之前，他们长期不辞辛劳地在他们所感兴趣的领域里工作。

他们早期的经历丰富，充满了大胆自由、探索一切的精神。

他们极具幽默感。

分享：这些对于我们的创造力培养有什么启迪？

五、总结（约3分钟）

同学们，在创造的天地中，我们一直坚信每个人都有自己的独特的个性和长处，每个人都可以选择自己的目标，并通过不懈的努力去争取属于自己的成功。只要我们能正确审视自己，不断完善自己，每个人都会发挥出巨大的创造潜力，都能够有自己的创造空间。

第三单元　柳暗花明又一村
——挑战思维定式

【活动目标】1. 引导同学们认识思维定式及其优缺点

　　　　　　2. 引导同学们掌握应对思维定式的四种方法

　　　　　　3. 促使同学们产生将学到的方法应用于实践的意识

【活动方法】讲授法、讨论法、测验法

【活动时间】1 课时

【活动准备】心理小测试

【活动过程】

一、心理小测试（约 7 分钟）

教师：同学们，在上本节课之前，我们大家一起来做个心理小测试（链接：http：//tieba.baidu.com/p/2471888174）。注意：当看到这个测试的时候，希望大家先静下心来，然后认真、快速地用自己的心算来做下面这个测试，大家要真实地说出当时头脑里出现的第一个答案。（讨论：做了这个心理小测试之后，大家心里有什么感受？为什么会出现这种结果？）

在做这个测试的过程中，我听到了大家很吃惊的呼喊声。那么，为什么会出现这种结果呢？其实，这是因为我们思维空间过于狭窄，是长期"拘泥于惯例"的结果，是思维定式在作怪。思维定式是指仅用先前的知识和过去的经验解决问题的思路。思维定式在生活中能够帮助我们快捷地解决很多问题，但是在创造的天空中，思维定式往往会禁锢我们的创造力，陷入陈旧设想和故步自封的思维方式之中。本节课，我们将通过各种训练向思维定式发出挑战！

二、右脑思维能力训练（约 12 分钟）

我们都知道，我们大脑分为左右两半球，但是，左右两半球担任着不同的任务和责任。美国神经心理学家斯佩里曾经说过："左脑是普通脑，右脑是天才脑，天才与普通人的根本区别在于天才在有意无意中很好地开发和利用了右脑。"我们的右脑是思维力和创造力的生物基础。所以，下面呢，我们通过一个小活动来锻炼一下我们的右脑的思维能力。

同学们，如果让你们进行一个两分钟的自我介绍，大家会怎样介绍？（找同学示范）。这种自我介绍是比较传统的一种方法，下面呢，我们来进行一个有创造性的自我介绍，用五官来向大家介绍自己。

例：我的姓名张某某

我是一名学生

我利用五官感觉来介绍我自己：

我看起来像一阵旋风

我闻起来像海边清风

我摸起来像一个气泡

我听起来像煮沸的咖啡

我品尝起来像巧克力冰激凌

我最近的冒险经历是：在热浴缸里边吃坚果边读罗伯特·里德福德的鬼故事。

讨论：如何评价这种右脑思维介绍自己的方式？

总结：自我介绍的方法不止一种，但是需要我们具有创造力。这种换个角度看问题的方法，有助于我们开发右脑，也有助于创新能力的培养，我们会发现一个平平常常的问题也会引发如此的乐趣。

三、思维流畅性训练（约10分钟）

同学们，看右面这幅图片，这是三个非常普通的回形针。下面呢，希望大家开动脑筋，来尽可能多地说出回形针的用途。

大家说出了这么多的用途，那么这个小小的回形针到底有多少种用途

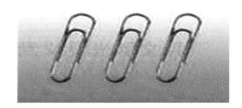

图2-4　回形针表

呢？下面，我们来看一个小故事（许国泰说回形针用途的故事）

讨论：大家做了这个活动有什么感受？

教师：刚才我们做的这个小活动是思维的流畅性训练，也就是说在限定的时间内产生的观念的数量多少。在短时间内产生的观念多，思维流畅性大；反之，思维缺乏流畅性。只要我们的头脑经常使用，经常受到这种思维流畅性的训练，我们可以从中受益很多，会使我们在做理科题目时思路更宽、更快。在日常生活中，大家也可以自我锻炼，在生活中发现问题，比如砖头有什么用途？报纸有什么用途？帽子有什么用途？多想多练，就会有成效。

四、思维变通性训练（约 8 分钟）

下面，大家来看这幅图，大家告诉我，看到了什么？

图 2-5　思维变通性训练图

教师：刚才我们做的这个小活动是思维的变通性训练。变通，顾名思义，是灵活运用，不拘常规。在日常生活中，由于思维的惯性，我们常常沿着固定的思维轨道想问题，结果往往形成"一根筋"，一遇到难一点的问题就不知所措。随着素质教育的推进，开放性的试题越来越多，这种思维的变通性训练，可以帮助我们将问题转化，帮助我们根据问题的相关知识，向着不同方向扩散，扩大思维量，提出灵活的设想和解题方案。

五、思维的独创性训练（约 8 分钟）

故事接龙游戏规则：现在我们要共同扮演完成一部还没有确定剧情的哑剧，只有第一个同学看到了故事的开始，他会表演给大家看。接下来，每个人都要观察前边同学的表演，猜测他们演的是什么内容。轮到自己的时候，把这部哑剧的剧情继续发展下去。整个过程中，所有同学都不能说话，直到转完一圈。同学们也要记住自己表演的动作手势。

所有同学都表演完之后，是哑剧揭秘时间。从第一位同学开始，一边重新表演，一边告诉大家故事的情节发展，后面的同学也重新表演自己的动作，但如果发现自己误解了前边同学的内容，就要在不改变动作的前提下重新解释自己的表演内容，以保持故事情节的连贯。

教师：这个活动的目的是锻炼同学们思维的独创性。在表演过程中，每个同学都有自己的想法和创意，因为你们不同的想法，这个故事才有可能延续下去。在日常的学习和生活中，大家在解决问题的时候不要人云亦云，因为我们都是独立的个体，都有独立的想法，因为这些与众不同的地方才使我们成为不同于他人的人。

六、总结

在我们日常的学习和生活中，思维定式给我们带来了便利，也束缚了思维的灵活性和创造性。这节课我们主要从右脑思维能力、思维的流畅性、独创性和变通性四个方面来进行训练。经过这些训练之后，不知道大家有没有茅塞顿开的感觉？希望大家在今后的学习和生活中注意自我训练，这会对我们文化课的学习有很大的帮助。

第四单元　破茧成蝶出创意
——打破成规

【活动目标】1. 引导同学们打破常规，突破限制，鼓励创意思考

2. 引导同学们学会发散思维

3. 体验集思广益解决困难的快乐，培养积极向上的创新意识

【活动方法】讲授法、讨论法

【活动时间】1课时

【活动准备】每人一张纸和一支笔、每组四张报纸、每组一个胶棒

71

【活动过程】

引子：古往今来，人类一直生活在规则之中。古人说："没有规矩，不成方圆。"简单地说，规则就是规定出来供大家共同遵守的法律和制度，它符合一定的社会方式。那么规则的作用是什么？所谓，"国有国法，家有家规"，我们在这个世界上必须遵守一定的规则，要进行正常的学习和生活就要有规有矩。但是，有时候过分遵守规则会成为限制我们进步的绊脚石，墨守成规会磨灭我们的创造力。所以，有时候，我们需要打破成规，突破限制。

一、"言不由衷"（约8分钟）

首先，我们来做一个小游戏，来体验一下打破成规的乐趣。游戏规则：随机选择一名同学到讲台上提问问题，其他所有同学用"是""不是"来回答问题，回答必须要言不由衷，颠倒事实。如提问者说"你们常擦口红"，大家必须回答"是"。答错的人到讲台提问。游戏继续。（注：提问者要在很短的时间内想出问题，而其他人要在很短的时间内做出回答。大家要尽量想些比较新异的问题。）

讨论：这个游戏对大家的创造力的培养有什么启发？

教师：看来同学们的思维很活跃，想出来的问题也都很新颖。希望同学们在以后的学习和生活中多多打破常规，突破条条框框，我们会发现，原来生活充满了乐趣。

二、九点连线（约18分钟）

同学们，当遇到问题的时候，有没有更好的解决办法？不知不觉我们会为自己设置一些障碍，从而阻挡了对新观念、新思维和新方法的认可和接纳。下面，我们来做一个小试验。试验的名字叫作《九点连线》。

图2-6　九点连线图

首先，大家先看一下由9个点组成的图形。请大家照样把这9个点画在纸上，要求用一笔、4条直线把9个点连起来，线与线之间不能断开。

步骤：（1）让大家试着画一下，过几分钟询问有多少人成功地解开了这道题，并请一位自告奋勇的同学走到讲台，画出正确的答案。

（2）统计有多少种连接9点的方法和大家分享，交流解题思路。

（3）鼓励学员发散思维，想出更多的解题方法。

（4）总结自己的解题经验及教训，写下心得体会。

总结：（1）现有的图形框架会影响我们的判断和思考，但固定的思维方法会限制问题的出路。（2）解这道题的关键是如何跳出我们自己或他人为我们画的框框。（3）自主创新和不断学习，让我们解决的问题方法总比问题多。

附参考答案：

——可以一笔画出3条直线来把9个点连起来。第一条直线从上排左端那个点的上缘开始，向右下方延伸，穿过上排中间的点的中心和上排右端的点的下缘。第二条直线折返回来，穿过中排的3个点，从右至左，逐渐向下方延伸。最后一条线是再从左至右穿过下排的3个点。

——把纸折起来，让这3排点靠得尽可能近，这样画一道粗铅笔线就能同时盖住这9个点。

——拿一把画刷，只需在纸上刷一下，就可以把9个点同时连接起来。

三、尝试逆向思维（约17分钟）

雄厚的实力固然是成功的基础，独特的创意却是最后成功的决定因素。在创造性思维中，最具有挑战性和突破性的思维是逆向思维。传统的习惯性思维是一种"顺藤摸瓜"式的工作方式，即按照一定的逻辑向前推进思考，而逆向思维则是从相反的、独立的、颠倒的角度来思考问题。下面，我们从逆向思考和缺点逆用来训练逆向思维，从而使我们在学习和生活中创造性地解决问题。

1. 逆向思考

逆向思考的本质是知识和经验向相反方向的转移，是对习惯性思考的一种自觉冲击。所以，这种从对立的、颠倒的、相反的角度去想问题的方式，

往往能打破常规，破除由经验和习惯造成的僵化思维模式，因而能为创造扫清道路。如反季节水果蔬菜（顺序反向）、方形西瓜（结构反向）、电视机的发展（功能反向）。

例子：从相反的方面考虑，设想一下电视机会如何发展？

解答：可以由小想到大，由大想到小；由正像想到反像，由反像想到正像。有的电视机追求超大屏幕，可以享受家庭影院的效果；而有的电视机小得可以镶嵌在眼睛架或帽檐上，可边走边看。有的很笨重，而有的薄得如一张画一样挂在墙上，起到了装饰和节省空间的作用。有的竟是专放反画面的电视机，方便剪头发的顾客。在天花板上镶镜子，躺在床上就可以看电视。

思考题：楼梯不走，人走，变成人不走，楼梯走，就出现了电梯。现在的溜冰场都是人滑动，冰不动，你能想出一种新的娱乐方式吗？

2. 缺点逆用

缺点逆用法是能够重新审视事物的缺点，并善于发现缺点优势的一面，化弊为利，借以发扬，最后取得意想不到的效果的思维方法。在日常生活中，被人们轻易地就判定为无用的东西一定不少，而且人们一旦认定某件事物无用时，往往习惯于不假思索地废弃它。这种想法的形成，就在于我们的思维不会灵活转化，没有意识到"有用"和"无用"之间其实并没有绝对明确的界限。"无用"能否变成"有用"，完全取决于使用某种事物时得当与否。因此，尝试为那些表面上看起来"无用"的事物寻找一个适当的位置，变废为宝，化腐朽为神奇。

游戏：废物利用

按照之前的小组，每组四张报纸，一个胶棒。利用现有的材料进行创造，包括服装设计与现场表演。表演可以包括戏剧、小品、音乐剧等，形式不限。

讨论：（1）评价哪个小组的创意最有特色？

（2）这个游戏对你的学习和生活有什么影响？

四、总结（约3分钟）

分享：通过这节课，你有什么心得体会？

同学们，这节课我们主要学习了打破常规的几种方法，希望大家把学习到的知识运用都实际的生活和学习中。有时候，我们会发现，跳出条条框框、尝试逆向思维，学习是另一番美好。

第五单元　感同身受启思绪
——观察的技能

【活动目标】1.引导同学们掌握观察的技能，提高创造意识

　　　　　　2.促使同学们产生将学到的方法应用于实践的意识

【活动方法】讲授法、讨论法

【活动时间】1课时

【活动过程】

一、猜一猜、找一找（约6分钟）

图2-7　大巴车

图2-8　人脸

同学们，请看图2-7，请猜一猜这辆大巴是开往A处，还是开往B处？图2-8中，你能看到几张人脸？

教师：激发创造力，首先要学会体验和观察。体验和观察就是亲身到现

实中去感受，仅靠看书和看电视不能得到亲身体验的东西，因为前者是立体的，有血有肉的；而后者是平面的，间接的。这节课，我们的任务就是，带领大家一起探讨如何通过观察和体验来提高创造力。

二、观察的技巧（约 37 分钟）

1. 用手观察（约 8 分钟）

实验：同桌两人一组，其中，一个同学选择一些小东西，不让另一个同学看见，藏在一个纸口袋里。然后，另一个同学仅凭手的触觉去猜，摸到的每一件物品是什么，可以先画在纸上。全部猜完之后，把东西拿出来对照一下，看看你的触觉是否比视觉差了很多。

雕塑家用我们身边随处可见的空心泡沫来描述他们想象的世界，儿童用七巧板拼出幻想。这种眼动、手动的过程，实际就是把头脑里的想法变成现实的东西的过程，这样就会使我们头脑里产生的创造性想法由模糊变得清晰，由抽象变得具体，所以，当你有一些不太确定的设想的时候，可以用一些简单的可变形的材料试着把它做出来。平时也可以一边用脑想象，一边用手制作。这个过程就是体验的过程，这种全身心的体验会使你充满创意和灵感。

2. 用想象力观察（约 6 分钟）

请看下图，你看到的是什么？

图 2-9　兔子或鸭子

图 2-10　老太婆或少女

对图 2-9 有的同学说是兔子，有的说是鸭子，图 2-10 有的认为是瘪嘴的老太婆，有的说是美貌的姑娘。讨论：观察同一幅画，相差怎么这么大呢？

教师：这与观察中的人的想象不同有一定的关系。观察并非是眼睛的功能，人的思维也在同时进行，任何观察都是伴随着思维的观察。所以，同一种观察材料经过不同的大脑加工，必然得出不同的结果。这就像同是一袋面粉，经过不同的加工，有的成了馒头，有的成了面条，有的成了面包等食品是一个道理。所以，观察是伴随着思维的全身心的感悟式观察。提高观察能力，需要提高这种全身心的体悟力。

3. 用工具观察（约6分钟）

同学们，有一句俗语叫作"眼见为实"，真的是这样吗？请看下面的两幅图，说说你看到了什么？

图 2-11

图 2-12

我们的感官都有局限性，无论是听、看、闻、尝都很有局限，使我们在用自身的感觉器官进行观察时受到限制，人们为了打破限制会使用很多观察工具，以帮助我们更好地探索自然的奥秘，所以，利用各种工具进行观察会更精确、真实，这也是古人说的"工欲善其事，必先利其器"。

4. 感知敏感性训练（约8分钟）

（1）保持新鲜感受训练

回忆新鲜感受，即回忆第一次看到某件东西的感受。例如，第一次看见汽车时是什么感觉？第一次吃辣椒是什么感觉？回忆得越详细越好。当人们刚接触从没见过的事物时，由于新鲜好奇，印象会非常深刻。可是见多了，就会使好奇心淡漠，感官也会因重复而迟钝。（如唯一能够在水下书写的笔——圆珠笔。）

（2）回到童稚状态训练

图 2-13

讨论：这是谁眼里的世界？通过这幅图画你能发现什么问题？

第一次见到事情都会特别新鲜。儿童是敏感的，见到的事很多都是第一次。想象自己是一个两三岁的小孩，对第一次看见的事物是如何看待的。如在改进电话的发明中，先想象两三岁的孩子会如何想，如何提问题。"电话里有小人吗？""电话会饿吗？""它怎么有个尾巴？"，等等。由此想到假如电话里真有个"小人"，他能帮你听电话，记电话会怎样呢？于是就发明了录音电话。

（3）寻找不习惯的感觉

主动地尝试各种破除习惯的做法，从中获得新鲜的感觉和对问题的敏感性。例如，左右手交叉，左手在上习惯，还是右手在上习惯？

5. 转变观察角度（约8分钟）

颠倒是一种最激烈的转变。同学们，可以在平时做一下练习：

倒着看：倒立着看你的房间，在建筑物反光的圆柱上看街道上的景物，看哈哈镜。

颜色颠倒：想象天是黄的，地是蓝的；天花板是地板的颜色，地板是家具的颜色，家具是天花板的颜色。

功能颠倒：想象头上扣着饭碗，从帽子里拿出东西来吃；鱼儿在天上飞，鸟儿在水里游。

角色颠倒：到熟悉的大厦以不同的角色去转转，如你是一个警察，你是王海，你是学龄前儿童，你是一只可爱的京巴狗……

通过以上违反常规的颠倒，你一定会有新的想法，产生新的感觉，发现你以前从来没有发现的问题。

三、总结（约3分钟）

分享：通过本节课的学习，你有什么感想？怎样将本节课的知识运用到生活中去？

同学们，在平时的文科学习过程中，观察是我们创作的源泉，它能给我们灵感，给想象插上翅膀。对于理科的学习，观察是逻辑思维的基础，是归纳的前提。所以，掌握观察的方法，对于我们的学习是有益的。

附录一　威廉斯创造力倾向测验（用于第一单元）

下面是一份帮助你了解自己创造力的练习。在下列句子中，如果你发现某些句子所描述的情形很适合你，则请在答案纸上"完全符合"的选项内打钩；若有些句子只是在部分时候适合你，则在"部分适合"的选项内打钩；如果有些句子对你来说，根本是不可能的，则在"完全不合"的选项内打钩。

【注意】

● 每一题都要做，不要花太多时间去想。

● 所有题目都没有"正确答案"，凭你读完每一句后的第一印象填答。

● 虽然没有时间限制，但尽可能地争取以较快的速度完成，越快越好。

● 切记：凭你自己的真实感觉作答，在最符合自己的选项内打钩。

● 每一题只能打一个钩。

【测试题】

1. 在学校里，我喜欢试着对事情或问题做猜测，即使不一定都猜对也无所谓。

2. 我喜欢仔细观察我没有见过的东西，以了解详细的情形。

3. 我喜欢变化多端和富有想象力的故事。

4. 画图时我喜欢临摹别人的作品。

5. 我喜欢利用旧报纸、旧日历及旧罐头等废物来做成各种好玩的东西。

6. 我喜欢幻想一些我想知道或想做的事。

7. 如果事情不能一次完成，我会继续尝试，直到成功为止。

79

8. 做功课时，我喜欢参考各种不同的资料，以便得到多方面的了解。

9. 我喜欢用相同的方法做事情，不喜欢去找其他新的方法。我喜欢探究事情的真假 。

10. 我喜欢做许多新鲜的事。

11. 我喜欢探究事情的真假。

12. 我不喜欢交新朋友。

13. 我喜欢想一些不会在我身上发生过的事。

14. 我喜欢想象有一天能成为艺术家 、音乐家或诗人。

15. 我会因为一些令人兴奋的念头而忘记了其他的事。

16. 我宁愿生活在太空站，也不喜欢住在地球上。

17. 我认为所有的问题都有固定答案。

18. 我喜欢与众不同的事情。

19. 我常想要知道别人正在想什么。

20. 我喜欢故事或电视节目所描写的事。

21. 我喜欢和朋友在一起，和他们分享我的想法。

22. 如果一本故事书的最后一页被撕掉了，我就自己编造一个故事，把结果补上去。

23. 我长大后，想做一些别人从没想过的事情。

24. 新的游戏和活动，是一件有趣的事。

25. 我不喜欢太多的规则限制。

26. 我喜欢解决问题，即使没有正确的答案也没关系。

27. 有许多事情我都很想亲自去尝试。

28. 我喜欢唱没有人知道的新歌。

29. 我不喜欢在班上同学面前发表意见。

30. 当我读小说或看电视时，我喜欢把自己想成故事中人物。

31. 我喜欢幻想 200 年前人类生活的情形。

32. 我常想自己编一首新歌。

33. 我喜欢翻箱倒柜，看看有些什么东西在里面。

34. 画图时，我很喜欢改变各种东西的颜色和形状。

35. 我不敢确定我对事情的看法都是对的。

36. 对于一件事情先猜猜看，然后再看是不是猜对了，这种方法很有趣。

37. 玩猜谜之类的游戏很有趣，因为我想知道结果如何。

38. 我对机器有兴趣，也很想知道它里面是什么样子，以及它是怎样转动的。

39. 我喜欢可以拆开来的玩具。

40. 我喜欢想一些新点子，即使用不着也无所谓。

41. 一篇好的文章应该包含许多不同的意见或观点。

42. 为将来可能发生的问题找答案，是一件令人兴奋的事。

43. 我喜欢尝试新的事情，目的只是为了想知道会有什么结果。

44. 玩游戏时，我通常是有兴趣参加，而不在乎输赢。

45. 我喜欢想一些别人常常谈过的事情。

46. 当我看到一张陌生人的照片时，我喜欢去猜测他是怎么样一个人。

47. 我喜欢翻阅书籍及杂志，但只想知道它的内容是什么。

48. 我不喜欢探寻事情发生的各种原因。

49. 我喜欢探寻事情发生的各种原因。

50. 无论在家里或在学校，我总是喜欢做许多有趣的事。

【评分方法】

总量表共 50 题，包括冒险性、好奇性、想象力、挑战性 4 项；测验后可得 4 项分数，加上总分，可得 5 项分数。分数越高，创造力水平越高。

冒险性：包括 1、5、21、24、25、28、29、35、36、43、44 等 11 道题。其中 29、35 为反面题目，得分顺序分别为：正面题目，完全符合 3 分，部分符合 2 分，完全不符合 1 分；反面题目：完全符合 1 分，部分符合 2 分，完全不符合 3 分。

好奇性：包含 2、8、11、12、19、27、32、34、37、38、39、47、49 共 14 道题。其中 12 题、48 题为反面题，其余为正面题。计分方法同冒险部分。

想象力：包含 6、13、14、16、20、22、23、30、31、32、40、45、46 共 13 道题。其中 45 为反面题，其余为正面题。计分方法同冒险部分。

挑战性：包含 3、4、7、9、10、15、17、18、26、41、42、50 等 12 道题，其中 4、9、17 为反面题，其余为正面题。计分方法同冒险部分。

得分越高，说明创造力倾向越强；得分越低，说明创造力倾向越弱。

记忆力训练课程方案

【一】课程名称

Hold 住记忆

【二】课程性质

同质的、封闭的、与结构式团体辅导相结合的课程

【三】参加对象

以班级为单位的高一年级全体学生

【四】时间安排及地点

每周一次，共四次，每次 45 分钟

 地点：各班教室

【五】理论依据

记忆是过去的经验在头脑中的反映。凡是过去感知过的事物，思考过的问题，体验过的情绪，操作过的动作，都可以映象的形式储存在大脑中，在一定条件下，这种映象又可以从大脑中提取出来，这个过程就是记忆。记忆可将人过去和现在的心理活动联系在一起，因此，人才能不断地积累知识和经验，通过分类比较等的思维活动，认识事物的本质和事物之间的内在联系；人也通过记忆积累自己所受到的各种影响，逐渐形成了自己的个性。所以，可以说记忆是人类智慧的源泉，是人的心理发展的奠基石。

记忆的过程：记忆从识记开始。识记是学习和取得知识经验的过程；知识经验在大脑中储存和巩固的过程叫保持；从大脑中提取知识经验的过程叫回忆；识记过的材料不能回忆，但在它重现时却能有一种熟悉感，并能确认是自己接触过的材料，这个过程叫再认。识记是记忆的开始，是保持和回忆的前提；保持是识记和回忆之间的中间环节；回忆是识记和保持的结果，通过回忆也是对识记和保持的检验，而且有助于巩固所学的知识。

三级记忆系统：认知心理学把记忆看作是人脑对输入的信息进行编码、储存和提取的过程，并按信息的编码、储存和提取的方式的不同，以及信息储存时间长短的不同，将记忆分为瞬时记忆、短时记忆和长时记忆三个系统。

记忆与遗忘：（1）消退理论认为，大脑中的记忆痕迹随着时间的推移而衰退。这种理论假定：学习会改变中枢神经系统，除非定期地使用或复述信息，否则这种信息就会逐渐衰退，最终完全消失。干扰理论认为，随着愈益增多的新信息被输入、归类，提取线索就愈益失效。（2）消退理论把遗忘归结于贮存的失败，而干扰理论则认为遗忘是由于提取失败所致。干扰主要有两类：倒摄抑制与前摄抑制。倒摄抑制是指以前学过的内容受后来学习内容的干扰；前摄抑制是指以前学过的内容干扰以后学习的内容。不论在哪一种情况下，前后学习的内容越相似，干扰的程度就越大。（3）动机遗忘理论认为，有些信息可能对我们自己很重要，所以就被记住了；而有些信息可能会引起我们的痛苦或不快，因而不大可能被记住。弗洛伊德提出的动机遗忘理论，主要是根据他对精神病人的观察结果得出的，他称之为压抑理论。（4）线索依存遗忘理论认为，应根据提取失败，而不是根据记忆中失去信息、干扰或抑制等来解释遗忘。换句话说，一个人回想不出某种信息，仅仅是由于他不能发现从记忆中回想该信息的方式，是没有良好的提取线索。（5）艾宾浩斯遗忘曲线：遗忘在学习之后立即开始，而且遗忘的进程并不是均匀的。最初遗忘速度很快，以后逐渐缓慢。他认为"保持和遗忘是时间的函数"，他用无意义音节（由若干音节字母组成、能够读出、但无内容意义即不是词的音节）作记忆材料，用节省法计算保持和遗忘的数量。并根据他的实验结果绘成描述遗忘进程的曲线，即著名的艾宾浩斯记忆遗忘曲线。

【六】课程设计的意义

法国作家伏尔泰说过："没有记忆，就无法发明创造和联想。"俄国的谢切诺夫也说过："一切智慧的根源都源于记忆。"可见，记忆在学习中具有多么重要的作用。随着现代社会的迅速发展，虽然科技的进步在一定程度上解放了人类的大脑、减轻了人们的记忆负荷，但记忆仍具有极其重要的意义。尤其对当今的高中生来说，他们正处于学习的黄金时期，每天都要面临很多的记忆任务，良好的记忆力是他们学习成功的重要条件。

首先，良好的记忆力有助于高中生旧知识的巩固和新知识的掌握。学习是一个循序渐进的过程，高中生每天都要在旧知识的基础上学习新知识，缺乏良好的记忆也就意味着失去了巩固旧知识、牢固掌握新知识的可能。其次，良好的记忆力有助于问题解决。有了良好的记忆力，头脑可以提供更多

的信息帮助他们对问题进行比较、分析和综合，使问题得到解决。最后，良好的记忆力有助于提高学习效率。学习过的知识通过长时记忆储存在大脑这个"智慧仓库"里，在新的学习活动中，所需的知识会很容易地被提取出来，从而节省了大量查找、重新整理知识的时间，使学习效率大大提高。因此，对高中生来说，在学习过程中掌握一定的记忆规律和记忆方法，养成科学的记忆习惯，提高记忆力是非常必要的。

【七】课程方案

表2-11　课程设计表

单元	名称	单元目标	活动流程及内容
第一单元	和记忆握个手	1. 通过小测验，对自己的记忆力和记忆类型有个大致的了解 2. 引导同学们认识到任何人都能提高记忆力，树立自信 3. 便于学习记忆时能够扬长避短，为之后学习技巧奠定基础	1. 魔术大咖秀 2. 记忆小测验 3. 潜能大挖掘 4. 方法发布会 5. 总结
第二单元	高效记忆法（一）	1. 通过活动，引导同学们学习六种高效记忆法 2. 引导同学们将学习到的方法运用到实际中	1. 记忆大比拼 2. 高效记忆法 3. 总结
第三单元	高效记忆法（二）	1. 通过活动，引导同学们学习其他的高效记忆法 2. 引导同学们将学习到的方法运用到实际中	1. 高效记忆法 2. 找回失去的记忆 3. 总结
第四单元	科学用脑	1. 引导同学们认识到科学用脑在提高记忆力方面的重要性 2. 引导同学们学会如何科学用脑	1. 大脑的奥秘 2. 科学用脑 3. 总结

【八】课程具体安排

第一单元　和记忆握个手

【活动目标】1. 通过小测验，对自己的记忆力和记忆类型有个大致的了解

2. 引导同学们认识到任何人都能提高记忆力，树立自信

3. 便于学习记忆时能够扬长避短，为之后学习技巧奠定基础

【活动方法】讨论法、讲授法、测验法
【活动时间】1 课时
【活动准备】魔术及音乐、计时器、视频《大猩猩的记忆》、巴洛克式音乐
【活动过程】

一、魔术大咖秀（约 7 分钟）

教师：同学们，大家都知道大卫科波菲尔吗？对，他是世界著名魔术师。今天，大卫给大家带来了一个小魔术，大家肯定非常期待吧？下面，我们一起进入大卫的魔幻世界（利用 PPT 给学生呈现一个扑克牌魔术）

讨论：为什么会出现这种情况？你相信这是真的吗？你认为这种情况是什么原因造成的？

教师：看来大家都不相信这是真的，大家也猜测出了很多原因。其实，真正的原因很简单，就是我把所有的牌都换掉了，只是大家没有意识到，归根结底就是在很短的时间里，大家没有把第一次呈现的牌记下来。看来，大家的记忆力还有待提高。那么，大家想了解自己的记忆力水平和记忆类型吗？下面，我们来做个小测验吧！

二、记忆小测验（约 8 分钟）

在这个环节，我将成为一名忠实严格的监考老师，现在我手里拿有一个计时器。下面我们来开始一系列的测试：

测试一　视觉记忆测验

请看图：图上有 20 件物品，请用眼睛看，然后尽力记住。1 分钟以后，把书合上，所有被测者拿出一张纸、一支笔，把你能回忆起来的物品的名称写在纸上，不一定按顺序。然后对照图，记下测验的成绩。

其中：16 ～ 20 件为优秀；13 ～ 15 件为良好；10 ～ 12 件为一般。

图 2-14　20 件物品图

测试二　听觉记忆测验

监考老师以稍慢的速度对被测者大声朗读下面的 10 个词（两遍）：余得利、白云、小胡、酒瓶、洗衣机、李明松、桂花、虚伪、科技、378。读完后休息 10 秒钟，让被测者把听过的 10 个词写在纸上然后记下被测者的成绩。其中，8~9 项为优秀；6~7 项为良好；4~5 项为一般。

测试三　朗读记忆测验

监考老师把下面 10 个词语写在一张白纸上：照相机、BCF、书本、雨伞、剪刀、眼睛、725、沙发、思想、灯泡。然后把纸交给被测者，让被测者以中等稍慢的速度大声朗读 2 遍，再休息 10 秒钟，把能回忆起来的词写在纸上，校对成绩。其中，8~9 项为优秀；6~7 项为良好；4~5 项为一般。

测试四　综合记忆测验

老师准备好 10 件小物品（10 件物品之间的关联性最好不要太大），然后把准备好的小物品依次拿出来给被测者看，同时，让被测者高声念出物品的名称。然后休息 1 分钟，请被测者背出刚才展示过的物品，并记录成绩。其中，9~10 个为优秀，7~8 个为良好，5~6 个为一般。

分享：通过以上三个小测验，你了解了你的记忆水平和记忆类型了吗？今后如何根据这个测试结果有针对性地进行练习？

教师：以上三个简单的小测验，可以大致说明你是哪一种感觉记忆比较发达，记忆习惯哪点强、哪点弱。在以后的学习中，可以根据自身的记忆力水平以及记忆类型有针对性地进行练习。

三、潜能大挖掘（约 15 分钟）

教师：通常，我们在学校和从书本上所学到的知识或听到及见到的事物和现象，到后来往往不能完整无缺地回忆出来；前一天和许多人会面的情形或学习的各种知识，到第二天往往也只能想起其中的一部分。所以，有的同学认为自己的头脑存储容量是有限的，当存入某种程度信息后，超过容量限度的信息，就像水从玻璃杯溢出来那样，不能再被存入大脑中。于是，有的同学会产生"我脑子笨，简直没有办法呀"等想法。

可是，根据美国阿诺欣教授和劳森贝克教授等对记忆量的研究结果可知，我们的大脑几乎能把进来的全部信息存储下来，它具有极其充分的容量。实际上，常常会出现一些记忆力特别强的任务，这在一定意义上也证实了"人脑可以存储的信息量是无限的"这一说法。下面，我们来看几位记忆神人：

美国纽约一所中学的生物教师霍华德·贝格在 1990 年以一分钟阅读并理解 25000 字的速度，被载入《吉尼斯世界纪录大全》。

中国陕西省岐山县张宏斌，陆续看过 11 遍《红楼梦》，能把 443 个主要人物的来龙去脉、相互关系，道个清清楚楚。《红楼梦》中 225 首诗词皆烂熟于心。

教师：如果对于这些记忆大师，你还会说——"他们本来就是天才，我肯定比不上他们"的话，那么请大家看以下的视频——《大猩猩的记忆》。

讨论并分享：看了这个视频你有什么感受？大猩猩为什么会有如此超强的记忆力？你会认为自己不如一个大猩猩吗？

教师：我们要树立信心更要急起直追，努力实践，开发自己尚在沉睡的大脑。我们要刻苦地研究记忆的知识和它的规律，通过科学的记忆方法和持之以恒的训练，真正把自己大脑的潜能发挥出来，"梅以寒而茂，荷以暑而清"，艰辛而科学地培植，长期而持久地训练，就一定能开出美丽的记忆之花。

四、方法发布会（约 12 分钟）

教师：同学们，大家在日常生活中有没有什么增强记忆力的简单方法？下面，同学们以 6 人为一组进行讨论，选出一名小组长、一名记录员、一名发言人。每个小组将有 5 分钟的讨论时间，讨论结束，召开"方法发布会"。看哪个小组说的方法多。

五、总结（约 3 分钟）

分享：通过这节课的学习，你有什么收获？

教师：同学们，这节课我们通过测验了解了自己的记忆力水平及记忆类

型，同时，我们也意识到任何人都能够提高自己的记忆力，只要我们奋起直追、努力实践，将自己大脑的潜能发掘出来就能够达到我们期望的效果。本节课大家也一起探讨了几种提高记忆力的简单的方法，在接下来的学习中，我们会根据心理学和记忆规律陆续学习几种记忆方法，希望同学们对自己充满信心。我相信，通过学习，大家一定会开出美丽的记忆之花！

第二单元　高效记忆法（一）

【活动目标】1.通过活动，引导同学们学习六种高效记忆法
　　　　　　2.引导同学们将学习到的方法运用到实际中
【活动方法】讨论法、讲授法、活动法、练习法
【活动时间】1课时
【活动准备】西维累尔摆动实验材料
【活动过程】

一、记忆大比拼（约10分钟）

同学们，请看以下图片，图片上呈现了20种物品，给大家3分钟的时间来记忆。时间到后，同学们要按顺序说出图片上的物品的名称。一个物品5分，看你能得多少分？

分享：你是用什么方法记下这些物品的？

教师：看来同学们在

图2-15　20种物品图

记忆的时候，采取了不同的方法。有的方法省时省力，帮助我们在很短的时间内就记下很多物品；而有的方法虽然记得牢固，但是耗时太多。这节课呢，我们就一起来探讨一下既省时又省力的高效记忆法。

二、高效记忆法（约 30 分钟）

1. 组块记忆法（约 5 分钟）

同学们，请读完下列数字后把它默写下来

第一组：(1) 4231

(2) 52452323

(3) 523512556834

(4) 149162536496481

第二组：(1) 6243 2856 2531 8662

(2) 8347 6628 2638 93465696

分享：在记忆两组图片时，你有什么感受？

教师：在日常生活中，我们常常会遇到记忆手机号、银行账号等的情况。有时候由于数字过长，给我们带来了不便，造成混乱，正如第一组的数字，我们在记忆时很容易忘记。而在记忆第二组数字时，将数字进行分组，就可以简单记忆了。

2. 过度学习记忆法（约 5 分钟）

教师：同学们，我们首先来猜测一下"过度学习"是什么意思？（讨论）

我们通常说："某同学减肥过度，造成厌食症""某同学过度玩游戏，造成沉迷网络"。每当我们提到"过度"两个字的时候，往往会觉得是负面的消息。但是，我在这里的"过度"二字的意思并非如此。"过度学习"是指在刚刚能背诵或回忆的基础上的进一步的学习。研究表明，过度学习达到 50%，即学习的熟练程度达到 150% 时，学习效果最好。例如，刚能背诵一首诗需读 6 遍，那么过度学习的最佳值就为 3 遍，也就是说将这首诗背诵 9 遍能达到最好的记忆效果，且不易遗忘。

3. 排除干扰记忆法（约 8 分钟）

游戏《看字读颜色》。同学们，请看以下的 21 个字，请大家将每个字的颜色读出来。

分享：在游戏的过程中有什么感受？

黄绿红蓝紫青黑
白橙蓝红绿白青
黑红白黄紫绿红

图 2-16 看字读颜色图

教师：当我们只注意这些字的时候，我们会很容易地将字的读音读出来。但是，当要求我们注意这些字的颜色的时候，由于会受到这些字的影响，会产生干扰，我们会觉得很吃力。其实，在记忆的时候也会受到干扰。我们很多人都有这种体会，当我们背诵一篇文章时，文章的开头和结尾的记忆效果要好于文章中间部分的记忆效果，这种现象叫作"系列位置效应"。文章开头的记忆效果好，是因为，开头部分只受到中间部分的干扰，它不存在"前摄抑制"；而文章结尾的记忆效果好是因为结尾部分也只受到中间部分的干扰，它不存在"后摄抑制"。而中间部分，既受到开头部分的干扰，也受到结尾部分的干扰，所以记忆效果较差。

针对这一规律，我们可以做以下两点来排除"系列位置效应"：第一，我们可以在背诵较长的课文时，根据自身情况，先将课文分成若干小段加以记忆，然后再串起来记忆，以减轻中间部分记忆材料的系列位置效应。第二，可以在晚上睡觉前和早上刚起床时安排较难记忆的材料的学习，效果会更好。原因在于，晚上睡觉前的学习没有后摄抑制，而早上刚起床时的学习没有前摄抑制。

4. 尝试回忆与反复识记相结合的方法（约 2 分钟）

在高中学习中，很多高中生会采取反复记忆的方法，死记硬背，事实上，心理学研究表明，尝试回忆与反复识记结合在一起使用，记忆效果会更好。举个例子，当我们识记完一部分知识点之后，合上书，将刚才所识记的内容在大脑里像放电影似的放一遍。在放的过程中，遇到"卡带"的时候，即回忆不起来的时候，再重新识记这部分内容。尝试回忆的方法还可以在你出去散步或者上卫生间的时候使用：在头脑里问几个关于刚才实际内容的问题，要求自己回答。如果回答不出来，不要懒惰，回去要马上翻书或看笔记将其记下来。

5. 形象记忆法（约 10 分钟）

同学们，我们来做一个小实验——西维累尔摆动实验（由 19 世纪澳大利亚化学家西维累尔发明）。准备一根长 25～30 厘米的细线，下端拴一枚大纽扣或小螺母，当成一个吊摆。再在一张纸上画一个直径为 10 厘米的圆，通过圆心在圆内画一个十字。然后按下列步骤开始实验：

第一，平稳地坐在椅子上，两肩放松，胳膊放在桌上，心情平静，呼吸平缓，排除杂念。

第二，用右手食指和拇指轻轻捏住细线，使下面的纽扣垂悬在圆心，高度距纸 3～5 厘米。

第三，眼睛紧紧盯住纽扣，头脑中浮现纽扣左右摆动的形象，如果一时想象不出纽扣摆动的形象，可以左右移动自己的视线（不要摇头），并暗示自己："纽扣开始摆动了。"这样在不知不觉中纽扣就真的会摆动起来。这时再进一步暗示自己："纽扣开始摆动了。"这样在不知不觉中纽扣就真的会摆动起来。这时再进一步暗示自己："纽扣摆动得越来越大了。"

第四，如果你想象停止纽扣摆动的形象，那纽扣就真的会慢慢停止摆动。

第五，熟练以上方法后，还可以用想象随意让纽扣做前后摆动、对角线摆动或者绕圆周旋转。也可以把纽扣悬在玻璃杯里，通过浮想使其碰杯子内壁，碰几下完全听从你的指挥。

教师：为什么会产生这种有趣的现象呢？原来这是大脑中的手或手指活动的形象记忆在暗暗地起作用。因为任何人的手或手指都有过前后、左右晃动的经历，这就是晃动的形象，不论自己是否意识到，都已经深深地记忆在脑海中了。同时，这种形象记忆还同当时的身体动作（运动记忆）结合在一起。因此，当你回忆和想象时，身体就会自发地重现当时的表现。同学们，当我们运用想象在大脑中形成某种事物的形象的时候，我们会获得对某事物的深刻印象，引发人的情绪色彩。通过联想还能产生跳跃式想象，这种想象不受空间、时间限制，缺乏逻辑性。所以说，借助想象来记忆事物能够增强记忆效果。

小练习：下面有 8 个小人的头像，请你用 2 分钟的时间记住他们，然后完成后面的练习。

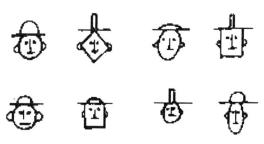

图 2-17　小人头像图

请不要再看上面的图，完成下面的练习。

（1）上图中共有几个方形脑袋的头像。

（2）上图中共有几个戴Ⅱ形帽子的。

（3）上图中共有几个头像在笑。

（4）上图中共有几种帽子。

（5）上图中共有几种形状的头像。

6. 位置记忆法（约3分钟）

这种方法是一种传统的记忆方法，类似于心理学中托尔曼的"认知地图"。例如，在学习历史事件时，我们可以在头脑中创建一幅熟悉的"场景"，在这个场景中明确一条"路线"，在这条路线上标出事件发生的点，将所需记忆的材料放在对应的点上，并加以动感、色彩、夸大或反逻辑的想象或联想，这样就可以非常容易记住。并且，在需要提取所需资料的时候，这条"线"和这些"点"也给我们提供了提取线索，可避免出现"舌尖现象"的出现。

三、总结

教师：同学们，今天大家学习了几种高效记忆法？我们大家一起来复习一下。学习了这些记忆的方法，还需要大家在课后自己努力地训练，当练习的次数足够多时，这些方法才会转化成我们自动化的动作，在不知不觉中就会提高我们的记忆能力。

第三单元　高效记忆法（二）

【活动目标】1. 通过活动，引导同学们学习剩下的几种高效记忆法

　　　　　　2. 引导同学们将学习到的方法运用到实际中

【活动方法】讨论法、讲授法、练习法

【活动时间】1课时

【活动过程】

同学们，上一节课我们学习了组块记忆法、过度学习记忆法、排除干扰

记忆法、尝试回忆与反复识记相结合的方法、想象记忆法以及位置记忆法。这节课，我们将继续来学习剩下的几种高效记忆法。

一、高效记忆法

1. 归类记忆法（约 10 分钟）

同学们，现在请你把某一房间里的一些东西记下来。这些东西有：钢笔、笔记本、白纸、啤酒瓶、墨水、茶碗、圆珠笔、杯子、书和报纸，你能把每样东西都记下来吗？你是怎样记忆的呢？（分享）

教师：记忆材料的时候只有系统化、条理化，记忆才能准确、高效。有人形象地把记忆比作图书室的卡片柜子，各种知识、信息都分门别类地储存到它应放的地方。需要时，只要拉开某一个抽屉，就能获得所需的材料。同时，记忆材料要及时总结，抽出规律性的东西，达到举一反三、触类旁通的效果。

运用归类记忆法的时候，注意以下几点：

（1）为了便于记忆，分成的组数和组内的个数也要得当，分组过多过少都不利于记忆。（2）分类的结果总有几种特别的东西难以归类，在这种情况下可以把不好归类的放在一起，自然形成一个小组。（3）运用这种方法的时候，必须正确地进行归类，满足归类的包容性要求和互斥性要求。

在日常学习中，我们有很多地方会用到这种方法。例如，用归纳法记忆中国历朝开国皇帝、用归纳法记忆中国历史之最、用归纳法记忆地理之最等。

2. 谐音记忆法（约 10 分钟）

通过记忆圆周率的故事，我们认识到了谐音可以使无意义的材料变成有意义的材料，帮助人们进行理解记忆。

（1）用谐音记忆英语单词

Ponderous 　　"胖得要死"，意为沉重的、笨重的、呆板的。

Pregnant 　　"扑来个男的"，意为怀孕

（2）用谐音记忆法来记公式

电功的公式 $W = UIt$，可用谐音记忆法记作"大不了，又挨踢"。

电流强度公式 $I = Q / t$，可记作："爱神丘比特。"

（3）用谐音记忆法记忆历史年代

李渊618年建立唐朝，可记作："李渊见糖（建唐）搂一把（618）。"

清军入关是1644年，可记作："一溜死尸"。因为清军入关尸横遍野。

（4）用谐音记忆法来记数字

三个宇宙速度的数值记法。可按读音编成谐音的三个短句来帮助记忆：

V_1=7.9 千米 / 秒（谐音：吃点酒）

$\sqrt{2}$ = 1.41421（谐音：意思意思而已）

3. 及时复习法（约8分钟）

很多高中生都有这样的感受，某一知识点明明听懂了、理解了，但是过一段时间就会慢慢遗忘，出现记忆模糊的情况。其实，这种现象正好印证了艾宾浩斯的"遗忘曲线"。

该曲线告诉我们，遗忘在学习之后立即开始，最初遗忘速度很

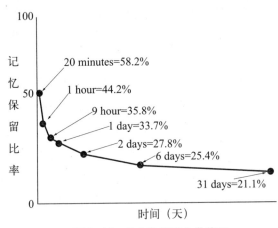

图 2-18　艾宾浩斯遗忘曲线图

快，随着时间的推移，遗忘的速度逐渐下降。所以，针对遗忘速度"先快后慢"的特点，我们要在学习之后不久，复习的次数要多一些，时间间隔要短一些，例如，课上学习某重要知识点，下课立即浏览一遍，取得较深的短时记忆；学习当天至少要复习3～4遍，第二天也要继续复习2～3遍，将短时记忆变成长时记忆。之后几天可以复习的次数少一些，时间间隔长一些。

二、找回失去的记忆（约15分钟）

教师：同学们，我们在考试的时候总有这种体验：明明记着某个知识点，好像就在嘴边，但是却想不起来，这种现象叫作"舌尖现象"。有时候，我们花了很多的时间来记忆某个知识点，但是想用的时候却无能为力，那么怎

么解决这种问题呢？怎样找回失去的记忆呢？

1. 多向回忆

有时回忆一个问题，好像很接近答案了，但却反复思考多次也突破不了最后的障碍。卡在一条思路上被堵死了。这时，应该设法通过另一条思路去达到目标。例如，要我们回答河南省的省会在什么城市，这本来是很熟悉的，但一时想不起是郑州，这时，就不能单想"河南的省会是……"而需要换另一种方式回忆。例如，想到这是京广线、陇海线交会点，有一个很大的火车站，或是联想此地的旅游点，想到二七大罢工纪念塔，都可能由此联想出郑州。甚至有的想到好像这个城市名称与本班某一个同学的姓名相同，借此回忆出"郑"字来。

对一些曾运用多渠道方法复习过的内容，回忆时更要利用这些渠道。

2. 利用想象挖掘忘却的回忆

我们可以回忆起一个被忘记的名字，或一件你试图记住而又没能记住的事情，一般都是通过联想，即想一些和被你忘记的内容有关的事情，让自己回忆可能和它有关的一切。通过对你所知道的事情进行联想，你就会比较容易回忆起那些需要回忆的事情。

3. 先回忆内容所在的位置

发生记忆堵塞时，最重要的不是直接回忆这些被遗忘了的内容，而是要找到回忆的线索。能够成为你的回忆线索的，首先是书或笔记本上的空间位置关系，只要想起了是在左页还是右页，甚至在哪页的什么位置，就会很快想起忘记了的内容。印刷在教科书或参考书上的标题、字形或自己画上的重点线等，都可成为你记忆的线索，当你顺着这些线索到达目的地时，心中会充满无比的喜悦。另外，在进行记忆时，留心书中的插图或照片，对回忆也非常有好处。

4. 利用感情、顺序、形象等原有的联系帮助回忆

回忆遥远的事时，从感情开始往往很成功。例如，想到母亲的亲切形象，小时候听母亲讲故事的情景就浮现了，故事情节也顺着感情的再现被回忆出来。

就像背诵元素周期表一样，当我们回忆的时候，最好也是按照这个顺序进行回忆。

形象给人的印象是特别深刻的。听老师讲课时，老师的声调、动作也会

同知识一起印在脑海里。考试时记不起某条公式，可先回忆老师讲课时的情态动作，然后回想当时老师把这条公式写在黑板的什么位置，讲课的内容渐渐在大脑里复苏，公式自然就回忆出来了。

5. 利用感觉器官来记忆

如果光凭回想仍不能增强记忆，可以借助人的感觉器官来增强记忆。我们想记忆某种事物时，不仅依靠大脑，也要调动一切的感觉器官。例如，在背英语单词的时候，用手写或用口念，可以达到帮助脑子记忆的效果。要尽量保留更多的手写或口念的回忆线索，这样一旦忘记时可以动员这些器官，用手写的就"用手回忆"，用口记下的就"用口回忆"，这也是恢复记忆的一个方法。

三、总结

学习了这节课，大家总结一下我们又学习了哪些高效记忆法？

第四单元　科学用脑

【活动目标】1. 引导同学们认识到科学用脑在提高记忆力方面的重要性

2. 引导同学们学会如何科学用脑。

【活动方法】讨论法、讲授法、活动法

【活动时间】1 课时

【活动准备】视频《大脑的赞歌》

【活动过程】

引子：（约 5 分钟）同学们，我们每天都要学习，学习离不开记忆，而记忆是大脑的机能，我们所有的学习活动都是在大脑的控制下进行的。我们都知道，大脑对我们很重要，那么到底有多重要？下面，我们来看一个视频《大脑的赞歌》。

一、大脑的奥秘（约 15 分钟）

正如《大脑的赞歌》中最后所说到的那样："我们身上最妙不可言的谜，

掌控我们举手投足的玄机,这就是脑!"我们每个人都有大脑,那么我们了解自己的大脑吗?我们的大脑像什么?它对我们的记忆有何作用?这节课,我们一起来探讨一下如何通过科学用脑来提高记忆力。

1. 左脑与右脑

同学们,看右边一张图片,大家告诉我,你看到的小人是在朝左转,还是在朝右转?

图 2-19 人物图

耶鲁大学的研究:顺时针旋转,说明此刻你用的是右脑;逆时针旋转,说明此刻你用的是左脑。14% 的美国人可以两个方向都能看见。

教师:不管大家看的图片是在向左转,还是在向右转,这都说明我们在思考的时候有脑的参与。但是,我们的左右脑有分工,左脑主要控制着数数、书面语言、推理、科学研究、口语等功能,而右脑主要控制着洞察力、艺术鉴赏、三维形体、音乐欣赏、想象力等功能。可以看出,左脑主要是掌控一般能力的运转,而右脑主要掌控特殊能力的运转。我们在进行记忆的时候,更多的使用一般能力,同时也要根据自身特点,结合特殊能力的运用。因此,提高记忆力离不开我们的左右脑。

2. 脑的利用率

说到大脑,很多同学就想到了——爱因斯坦的大脑。爱因斯坦死后,他的大脑被人取出,之后下落不明。爱因斯坦大脑的下落,以及这堪称历史上最聪明的大脑到底有何过人之处,成为 20 世纪最传奇的谜团之一。(爱因斯坦大脑的故事)爱因斯坦如此聪明,但经研究发现他的大脑利用率也不过10% 左右。作为我们普通人来说,那么开发利用率就更低了,因此,高效利用我们的大脑尤为重要。下面,我们一起来看如何高效利用我们的大脑。

二、科学用脑(约 23 分钟)

同学们,在日常生活中,你是如何利用你的大脑来帮助提高记忆力的?大家分小组讨论一下,在日常生活中你是如何科学地用脑的?

1. 用脑要专心

人在聚精会神从事某种活动时，在大脑皮层上，就会只出现一个兴奋中心，邻近部分都处在抑制状态。大脑的全部能量都用来供应这个中心的活动，因而大脑的工作效率就特别高，记忆效果也特别好。这在我们前几节课中的注意力集中训练中有提到过。

2. 用脑讲内容

形象性思维和抽象性思维穿插，脑力劳动和体力劳动穿插。

3. 多通道协同记忆

在学习中，充分调动视觉中枢、听觉中枢、语言中枢、运动中枢等各部位的积极性，有助于提高记忆质量，这种方法叫作多通道协同记忆法。将其运用于实践，主要是把听、说、读、写等结合起来，这种方法是用来记忆繁难信息的有效手段。在平时学习过程中，可以抽出一小段时间去练习这种方法，如对于一些重要的繁难知识点，可以先用眼睛观察，然后用笔写下来，再反复朗读，直至能背诵。过后，再抽闲暇时间不断背诵或回忆或默写。

4. 用脑讲环境

大脑喜欢整洁的空间。最近的研究显示，在一个整洁、有条有理的家庭长大的孩子，在学业上的表现更好。因为接受了安排外部环境的训练后，大脑学会了组织内部知识的技巧，你的记忆力会更好。大脑喜欢色彩，平时使用高质量色笔或使用有色纸，颜色能帮助记忆。气味影响大脑，香料对保持头脑清醒有一定功效。薄荷、柠檬和桂皮都值得一试。

5. 脑保健操

（1）清醒头脑——鸣天鼓

"鸣天鼓"是我国传统的健脑操。具体做法：两个胳膊肘支在桌子上，头稍微低下，闭上眼睛，用双手掌心紧紧按住两个耳孔，然后用两手中间的三个指头，轻轻敲击耳朵后面的枕骨，耳朵中随即可以听到"咚咚"的好像击鼓的响声。敲击要有节奏，每次敲击二三十下（图2-20）。该动作主要是防治头昏耳鸣，对清醒头脑、镇定情绪有明显效果。

（2）改善记忆——耳部按摩

具体做法：选择一种自己认为舒服的姿态，躺着或坐着都可以，然后闭上双眼，用拇指和食指夹住耳朵。拇指在后，食指在前，自耳朵上部向下部来回轻轻捏揉约10分钟（图二）。这个动作，可改善记忆力减退的状况，而且完全不扰民。

图2-20　　　图2-21

（3）缓解疲劳——提腿摸膝

具体做法：两脚开立，差不多和肩一样宽。先平抬左腿，用右手摸左膝；再抬起右腿，换左手摸右膝，这样交叉反复练习3分钟。然后改做平行练习，就是抬左腿，用左手摸左膝；再抬右腿，用右手摸右膝；持续练习3分钟（图2-22）。大家都知道，大脑两个半球对身体各个功能实施对侧控制，就是右半球控制身体左侧，左半球监管身体右侧。这个练习可以促进左右脑半球协调工作的能力，缓解单侧用脑过度而引发的身心疲劳症状。

图2-22

6. 根据生物钟组织学习的方法

我们的人体内都有一个生物钟，我们可以根据生物钟来调整自己的作息时间。一般情况下，大多数人在清晨6～7点时正好处于这一天的最佳记忆时期，在这段时期可以用来背诵一些知识点，如历史事件、英语单词、文言文的记忆等。下午15～16时，人体思维又开始活跃，这段时间可以进行重要知识点的记忆，易将其贮存到长时记忆中。下午16～17时人的听觉敏锐，可以进行外语听力的训练，晚上19～22时人的反应异常迅速和敏捷，是学习的最好时间，可以在这段时间梳理一天所学的知识，形成体系。22时以后，人体的各内脏器官活动开始减慢，是最适宜休息的时间。

7. 锻炼大脑的思维力

在一个暴风雨的晚上……

你开着一辆车，你经过一个车站……

一个是快要死的老人，好可怜的……

一个是救过你的命的医生，你做梦都想报答他……

一个是你的梦中情人……

但你的车只能承载两个人，你会选择谁？

同学们，面对这个问题，你如何解决？思维力与我们的记忆力紧密相

99

关。通过训练思维力，我们的记忆力也会随之提高。

三、总结（约3分钟）

分享：通过这节课的学习，你收获了什么？

教师：大脑就像一部机器，会越用越灵，当然，这需要讲究方法。科学地运用我们的大脑也是提高记忆力的一种途径。

高中生职业生涯规划课程方案

【一】课程名称

高中生职业生涯规划

【二】课程性质

同质的、封闭的、与结构式团体辅导相结合的课程

【三】参加对象

以班级为单位的高一年级全体学生

【四】时间安排及地点

每周一次，共五次，每次45分钟

地点：各班教室

【五】理论依据

许多西方生涯发展理论家把焦点放在青少年期，因为这个时期正是要对未来的生涯选择决定教育方向的一个阶段。自心理学家霍尔100年前出版其里程碑性的青少年心理学专著以后，这方面的研究一直在不断开展和深化。

根据霍尔的观点，青少年期是"风雷激荡"的时期，其本质是动荡的，时而感到无聊，时而感到兴奋；今天无动于衷，明天又热情洋溢。这种情绪极端之间的摇摆不定一直持续到20岁左右。而且，霍尔认为我们对此无能为力，因为这是由遗传决定的。

精神分析学派的代表人物弗洛伊德认为青少年期是一个性兴奋、焦虑的时期。青春期个体最重要的任务是要从父母那里摆脱自己。同时，到了青春期，容易产生性冲动，也容易产生同成人相抵触的情绪与驱力。

在格式塔心理学代表人物考夫卡看来，青少年期是一个过渡期。这期间发生的是儿童朝向成人期转化过程中团体成员资格的改变。青少年是边缘人，意味着青少年想要回避成年人的责任时，言行举止往往就又像是一个儿童。

认知心理学派的代表皮亚杰认为，青少年期是温和的躁动期。他承认，青少年脱离了具体、实际的经验。开始用一种更为逻辑、抽象的方式来思考。在解决问题、得出结论的过程中，他们能够使用系统的、命题的逻辑。青少年能够进行演绎推理，对理论进行科学地检验和证明，能够使用代数符号和隐喻象征。此外，他们能够思考假设，把自己投身到未来，并为之做准备。

新精神分析学派的代表艾里克森认为，青少年正处于自我认同期和角色混乱期。要建立自我认同，就要求个体努力评估自己拥有什么、欠缺什么，努力学习如何利用这些条件去形成更为清晰的概念，明白人应该是什么样的、应该变成什么样的。通过自由的角色尝试可能会在社会中找到一个适当的位置。因此，青少年期成了一个分析和尝试五花八门的角色的时期，而他们又不必为任何一个角色负责任。但是，在青少年期快结束的时候，如果还没有建立起自我认同，那么他们就会因为角色扩散而深受困扰。

【六】课程方案

表 2-12　课程方案表

单元		单元目标	活动流程及内容
第一单元	彩绘生命蓝图	1. 了解高中生职业生涯规划的内涵及意义 2. 端正态度，认识到高中生职业生涯规划的必要性	1. 故事导入 2. 你规划了吗？ 3. 我到底能干什么？ 4. 我的职业生涯规划 5. 总结
第二单元	性格与职业	1. 学生通过量表、他人评价、自我审视，能够了解自己的性格特点及相匹配的职业 2. 在交流中，学会欣赏并学习他人的优点	1. 图片导入 2. 性格与职业 3. 自我审视——我的自画像 4. 他人视角——别人眼中的自己 5. 量表测试 6. 总结

	单元	单元目标	活动流程及内容
第三单元	价值观与职业	1. 认清自己的价值追求，并树立正确的价值观 2. 充分认识择业应与自己的价值观相匹配	1. 故事导入 2. 幸福是什么 3. 职业价值观大澄清 4. 总结
第四单元	气质与职业	1. 通过量表、他人评价，了解自己属于什么气质类型 2. 根据自己的气质类型，选择合适自己的职业类型 3. 进一步引发思考择业的重要性	1. 激趣导入 2. 概念澄清 3. 小组讨论
第五单元	兴趣与职业	1. 了解自己的兴趣爱好以及与之对应的职业 2. 提升学生的团队合作能力	1. 引言导入 2. 探索兴趣岛 3. 总结 4. 课后作业

【七】课程具体安排

第一单元　彩绘生命蓝图

【活动目标】1. 了解高中生职业生涯规划的内涵及意义

　　　　　　2. 端正态度，认识到高中生职业生涯规划的必要性

【活动方法】讨论法、讲授法

【活动时间】1 课时

【活动准备】视频《我能干什么？》

【活动过程】

一、视频导入（约 8 分钟）

播放视频《热爱我的热爱》

教师：我们每个人都有自己热爱的东西，但是有的人会努力将自己热爱的变成自己的职业，有的人却像流星一样，最后虽然也燃烧殆尽，却不会留下任何痕迹。所以，我们的人生需要规划，这一刻你站在哪里并不重要，但

是，下一刻你走向哪里却很重要。

二、你规划了吗?（约8分钟）

1. 旅游规划

同学们，假如我们有一次旅行，你会怎么做呢?（自由发言）

综合同学们的发言，我们发现，很多同学旅行前会考虑以下几个因素:

我有多少钱?

我有多少时间?

想去什么地方旅行?

是跟团还是自由行?

采用什么交通工具?

当地的气候条件怎样?……

教师:对于这个小小的户外旅行，有的同学会思考以上几个问题，为旅行做好充足的准备;但是，有的同学连想都不会想，就出发，结果是失望而归。不过，这个小小的旅行还不至于带来非常严重的后果，试想一下，如果把你的一生看作一场旅行，你对这场旅行有什么规划么? 又有多少同学没有经过任何筹划就上路了?

2. 退学男孩刘立早的故事

3. 就业形势严峻

据不完全统计，2016年全国高校毕业生在770万以上，再加上出国留学回来的约30万海归，以及之前没有找到工作的往届毕业生，预计明年全国将有1000万大学生同时竞争。我们高中生经过三年的磨炼就要进入大学，有的同学甚至把大学看作天堂，每个人对未来都充满了幻想和憧憬。但是，当我们大学毕业的时候，会面临什么呢? 还是找工作的问题。好在，作为高一学生，我们有较为充足的时间来锻炼自己，为自己的未来做个规划，不至于当我们面临困境时手足无措。

三、我到底能干什么?（约12分钟）

教师:同学们，请看视频《我到底能干什么?》，请大家思考以下几个问

103

题，为什么视频中的主人公频频碰壁？你认为他能干什么职业？

（同学自由发言）

教师：感谢以上同学的分享。从视频中我们发现，这只鸡对自身条件和外在环境没有清楚地认识，对自己的未来也没有一个规划，最终导致它处处碰壁，孤立无援。但是，视频中也不乏对社会环境严峻地描写，这告诉我们身处竞争越发激烈的社会中，我们需要给自己的职业生涯做一个规划，明确自己想要什么，自己能做什么。

四、我的职业生涯规划（14 分钟）

教师：同学们，请想象一下，3 年后，6 年后，10 年后，你的生活状况是什么样子的？为了实现你 3 年后、6 年后、10 年后的目标，你将如何行动？

（同学自由发言）

同学们刚才分享的内容其实就是对职业生涯的初步规划。那么，到底什么是"生涯"呢？生涯的字面理解："生"原意为"活着"，"涯"为"边际"，"生涯"就是指人的一生的意思，是人的一生的发展道路。职业生涯是指一个人一生工作经历中所包括的一系列活动和行为。

据了解，已经考入大学的许多大学生因为对其所报学校、专业缺乏了解，导致入学后学习兴趣不高。某高校研究所调查显示，逾 5 成大学生认为目前就读专业不理想，近 2 成大学生对就读学校不满意，3 成大学生对所学专业热情不高，仅有 3.4% 的大学生入学前了解所报专业。每年都有许多学生因不满意所考入的大学或专业选择复读，甚至厌学。所以，在高中阶段就进行职业生涯规划，做到未雨绸缪，是非常必要的。

所谓"高中生职业生涯规划"，就是让高中生尽早认识自我、认识职业、认识教育与职业的关系，学会职业决策，从小根据自己感兴趣的职业目标，从知识、技能和综合素质方面锻炼自己的职业竞争力。

要做到职业生涯规划就要明确以下几个问题：

（1）准确认识你自己。

（2）分析自己的优势和劣势。

（3）明确职业目标和发展方向。

（4）根据自己所选择的未来职业，规划自己的高中生活。

（5）提升职业素养和职业能力。

五、总结（约 3 分钟）

"只要开始永远不晚，只要进步总有空间！"希望同学们能从这节课开始对职业生涯规划引起足够的重视，在接下来的几节课中，我会从生涯探索、生涯规划、生涯准备几个方面来帮助大家做好职业生涯规划。

第二单元　性格与职业

【活动目标】1. 学生通过量表、他人评价、自我审视，能够了解自己的性格特点及相匹配的职业

2. 在交流中，学会欣赏并学习他人的优点

【活动方法】讨论法、讲授法、测验法

【活动时间】1 课时

【活动准备】性格测试量表、音乐《我》

【活动过程】

一、图片导入（约 6 分钟）

图 2-23

图 2-24

教师：同学们，请看以上两幅图片，思考：长颈鹿和老鹰都生活在什么样的环境中？为什么他们选择这种环境生存？

　　其实，每一种生物都有认识自己的本能。长颈鹿为什么宁可在旷野里吃草，或伸着脖子啃稀稀疏疏的树叶，也不肯走进丛林？因为它们知道，善跑的长腿到了丛林就没有了用武之地；善于瞭望、躲避猛兽的颈干和长角，进了枝叶交错的树林就成了负担。老鹰为什么总把巢筑在峭岩树梢上，而不像一般鸟类那样在树林里筑巢；它们为什么喜欢在空旷的高空中盘旋，而不进入密林里猎捕猎物？因为它们知道，巨大的翅膀不能在密林里展翅翱翔，把巢筑在树林里，即便是小小的山雀也能对巢里的小鹰轻松偷袭。

　　同学们！认识你自己吧！对自己先要有个正确的认识，这是自己发展的起码要求。比如说，你可能解不出繁杂的数学难题，或许记不住那样多的外文单词，但你在处理事务方面却有特殊的本领，能知人善任、排忧解难，有高超的组织能力；你的语文也许差一些，但你作画却是高手；也许你不善分辨音律，但你有一双灵巧的手；也许你连一个苹果也画不像，但是你有一副动人的歌喉；也许你不善于下棋，但是有过人的臂力。你在认识到自己长处的这个前提下，如果能扬长避短，认准目标，抓紧时间把一件事情或一门学问刻苦地认真地做下去，久而久之，自然会结出丰硕的成果。鲁迅说过，即使是一般资质的人，一个东西钻研 10 年，也可以成为专家，更何况它又是你自己的长处呢？

二、性格与职业（约 6 分钟）

比尔·盖茨的故事

　　比尔·盖茨是微软创始人，他的 IQ 为 140 分，被人们公认为聪明的人，但是最近在他身上发生了一系列的事情。这件事彻底改变了他认为智商很重要的看法。

　　不久前，美国法院对比尔·盖茨提起诉讼，因为有企业控告微软在软件行业中有垄断的倾向。比尔·盖茨很痛苦，为此，差点把微软卖掉。

　　他太太说，比尔·盖茨这段时间经常晚上在棉被里面哭。后来，他太太跑去找他哈佛的同学巴尔默，希望巴尔默能够站出来帮帮比尔·盖茨。因此，美国微软现任 CEO 并不是比尔·盖茨，而是巴尔默，比尔·盖茨则回去做他的首席设计官即 CDO。

比尔·盖茨在哈佛大学的时候是一个非常内向的人，他的功课很好，还是哈佛大学数学代表队的队员。他拥有一颗天才的脑袋，但缺点是他本人比较害羞，不太喜欢去管理别人。巴尔默在大学的时候就自己办报纸、开公司，是一个性格外向的人，与比尔·盖茨的性格正好相反。

比尔·盖茨后来总结说，想要成功，首先要了解自己，接下来就是做出明智的选择，然后就是拥有宽广的思考力。

分享：通过这个故事，你能看出性格和职业有什么关系吗？（择业应考虑个人性格与职业相匹配）

过渡语，尼采说："聪明的人只要能认识自己，便什么也不会失去。"同学们，你了解自己吗？你适合什么职业？对于自身的追问，这实际上是千百年来人们一直探求的问题。人的一生最难了解的不是别人，而是自己。了解自己，我们才可以为自己未来的职业生涯进行规划。

三、自我审视——我的自画像（约11分钟）

教师：同学们，你了解自己吗？假设一点儿不了解自己为 0 分，完全了解自己是 10 分，你给自己打多少分？

下面，我们来做个游戏，游戏的名字叫作《我的自画像》。

要求：为自己画个"像"。请用陈述句，围绕"我是谁"这样一个问题，用下面的句式写下 10 个最能描述自己的句子：我（是）_____。（包括你的优缺点、性格、爱好……要求认真准确、如实描述，写到纸上交到讲桌上，不必署名。然后请 3 名同学任意从中抽取三张到讲台前读出来，其他同学猜猜写的是谁？）

过渡语：看来每位同学都对自己有一定的了解，那么自己眼中的自己跟别人眼中的自己是一个样子吗？

四、他人视角——别人眼中的自己（约7分钟）

同学们以四人为一个小组，说说其他三人是什么样的性格？（外向、内

向、趋外向、趋内向、综合型），并说出依据，同组的同学判断是否准确。

五、量表测试（约12分钟）

教师：为了更加全面、客观地了解自己的性格特点，除了自我审视、借助他人视角，还可以通过量表来了解自己的性格特点以及相匹配的职业。下面我们来做一个小测试，通过这个测试，你可以从另一个角度了解自己的性格，并对自己的职业方向有一定的了解。（发给每位同学性格测试与职业方向表。）

性格倾向测试

同学们：你们好！本问卷将测试你的性格，请按照题目提示，选择适合自己的答案。

表2-13　性格倾向测试表

1. 不善于和人争论	是	说不清	否
2. 决定问题爽快	是	说不清	否
3. 在大庭广众发表言论不好意思	是	说不清	否
4. 对人一见如故	是	说不清	否
5. 自己的想法轻易不告诉别人	是	说不清	否
6. 好表现自己	是	说不清	否
7. 与陌生人难打交道	是	说不清	否
8. 开会时喜欢坐在被人注意的地方	是	说不清	否
9. 凡事很有主见	是	说不清	否
10. 在众人面前能爽快地回答问题	是	说不清	否
11. 你不喜欢社交活动	是	说不清	否
12. 你愿意经常和朋友在一起	是	说不清	否
13. 你愿意经常一个人独处	是	说不清	否
14. 只要认为是对的，立马就做	是	说不清	否
15. 遇到问题，我总要弄明白	是	说不清	否
16. 你很容易接受别人的意见	是	说不清	否
17. 遇到不快乐的事情，能抑制自己的感情，不露声色	是	说不清	否

续表

	是	说不清	否
18. 你喜欢高谈阔论	是	说不清	否
19. 课间休息，常常喜欢一个人独坐，不愿同别人聊天	是	说不清	否
20. 你常常不等别人把话说完，就觉得自己懂了	是	说不清	否
21. 遇到难题，非弄懂不可	是	说不清	否
22. 遇到挫折不急丧气	是	说不清	否
23. 会因为自己一次考试没考好，而沮丧很长时间	是	说不清	否
24. 碰到高兴的事情极易喜形于色	是	说不清	否
25. 你会很羡慕别人取得的成绩	是	说不清	否
26. 你不太注意别人的事情	是	说不清	否
27. 你喜欢把自己和别人进行比较	是	说不清	否
28. 你常常憧憬未来	是	说不清	否
29. 你常常对自己的选择犹豫不决	是	说不清	否
30. 你相信自己不比别人差	是	说不清	否
31. 你会很在意同学、老师对你的看法	是	说不清	否
32. 自己放的东西常常不知道在哪里	是	说不清	否
33. 你很容易想入非非	是	说不清	否
34. 即使做错了事，也很快被遗忘	是	说不清	否
35. 你总是把自己的房间收拾得干干净净	是	说不清	否
36. 你不太注意外表	是	说不清	否
37. 你做事很细心	是	说不清	否
38. 对于别人的请求很容易帮助	是	说不清	否
39. 你很注意自己的信用	是	说不清	否
40. 做事情更注意速度而不注意质量	是	说不清	否
41. 信奉"不干则已，干则必成"	是	说不清	否
42. 不习惯长时间看书	是	说不清	否
43. 一本书可以反复看几遍	是	说不清	否
44. 上课喜欢说话	是	说不清	否
45. 办事大多有计划	是	说不清	否
46. 兴趣广泛而多变	是	说不清	否
47. 学习时不易受外界干扰	是	说不清	否

续表

48. 你做事情时，热情来得快，消退得也快	是	说不清	否
49. 作业大多干净、整洁	是	说不清	否
50. 答应别人的事情经常会忘记	是	说不清	否
51. 一旦对人有看法不易改变	是	说不清	否
52. 不惧怕从来没做过的事情	是	说不清	否
53. 不喜欢体育运动	是	说不清	否
54. 你很容易原谅别人	是	说不清	否
55. 买东西总要比较一番	是	说不清	否
56. 很容易和别人交朋友	是	说不清	否
57. 常常担心自己考试会失败	是	说不清	否
58. 对自己做错的事，容易承认和改正	是	说不清	否
59. 遇到不愉快的事情会生气很长时间	是	说不清	否
60. 对电视中的球赛节目尤其感兴趣	是	说不清	否

计分标准：单数题答案为"是"0分，"说不清"1分，"否"2分；双数题答案为"是"2分，"说不清"1分，"否"0分。得分分析如下：90分以上，外向型性格；71～90分，趋外向型性格；51～70分，混合型性格；31～50分，趋内向型性格；30分以下，内向型性格。

表 2-14 性格类型与职业方向

性格类型	性格特征	工作特征	适合职业
外向感觉思维判断	爱出风头，责任心强	组织、管理	公司经理、项目经理、银行管理
外向感觉思维知觉	乐天派、活泼、实在、随和	与人交流、冒险、乐趣	企业家、理财专家、经销商、记者、工程师
外向感觉情感判断	善于合作、认真、遇事果断、做事坚决	与人交往、参与决策、目标明确	销售代表、零售业主、餐饮业者、接待员
外向感觉情感知觉	爱玩、充满活力、适应性强、随和	实践中学习、与顾客打交道、有审美观	公关人士、社会工作者、保险代理商、经纪人
外向直觉情感判断	善良、喜爱热闹、擅长交际	信赖，有创意	小企业经理、作家、记者

续表

性格类型	性格特征	工作特征	适合职业
外向直觉情感知觉	热情、乐观、自信、富于创造性	富有创造性	营销人员、广告人员、开发总裁
外向直觉思维判断	领导、决策	领导别人	经理、顾问、环保、工程师
外向直觉思维知觉	激动、健谈、聪明、机敏善变	投资、规划、营销	投资经纪人、工业设计经理、营销策划人员
内向感觉思维知觉	实用、行动、善分析、好奇、务实	有效利用资源、精通机械技能，有活力	证券分析师、电子工程师、经济学者、软件开发者
内向感觉思维判断	做事严谨，豁达，务实，有条不紊	有条理，详细，独立	审计员、电脑编程员、会计、工程师
内向感觉情感知觉	敏感，耐心，随和，体贴	有价值观，注重细节	销售代表、行政人员、厨师、室内/风景设计师
内向感觉情感判断	忠心、同情心、助人	细心、精确、讲感情	人事管理、电脑操作员、室内装潢
内向直觉情感知觉	敏感，珍视内在和谐，镇静，少语	价值观，灵活，创造性，有活力	团队建设顾问、艺术指导
内向直觉情感判断	富有创意，感情强烈，讲原则，独立，坚定	创新，自豪，助人	事业发展顾问、营销人员、媒体策划师、艺术指导
内向直觉思维知觉	抽象，睿智，独立性强	创造性流程，创新	研究开发专业人员、战略策划师
内向知觉思维判断	完美，自主，逻辑性强，严格	创造，开发，责任，独立性，受尊重	管理、经济学者、金融规划师

教师：每个人都有自己的性格。每一种性格都有其擅长的职业。把不同性格的人放在不同的岗位上，用人所长，才能让他发挥出最大的作用。最好的不一定适合自己，而适合自己的一定是最好的。

六、总结（约3分钟）

美国著名激励大师卡耐基有这样一段话："发现你自己，你就是你。记

住，地球上没有和你一样的人……在这个世界上，你是一种独特的存在。你只能以自己的方式歌唱，你只能以自己的方式绘画。你是你的经验，你的环境，你的遗传造就了你。"

诚然，不要期许在别人的目光中，读到自己的影子；不要期许在别人的笑容里嗅到自己的花期。你有自己的梦想，你有自己的故事。你就是你！蓝天中有你放飞的理想，大地上有你不懈的痕迹，大海里有你奋游的写意！你就是你！自信是你胜利的旗帜，执着是你坚实的阶梯。（播放音乐《我》）

第三单元　价值观与职业

【活动目标】1. 认清自己的价值追求，并树立正确的价值观

　　　　　　2. 充分认识择业应与自己的价值观相匹配

【活动方法】讨论法、讲授法

【活动时间】1 课时

【活动过程】

一、故事导入（约10分钟）

渔夫和商人的对话

一个美国商人坐在墨西哥海边一个小渔村的码头上，看着一个墨西哥渔夫划着一艘小船靠岸。小船上有好几尾大黄鳍鲔鱼，这个美国商人问渔夫要多少时间才能抓这么多鱼？墨西哥渔夫说，一会儿工夫就能抓到。美国人接着问道，你为什么不待久一点儿，好多抓一些鱼？墨西哥渔夫不以为然，说这些鱼已经足够我一家人生活所需啦！

美国人又问：那么你一天剩下那么多时间都在干什么？墨西哥渔夫解释：我呀？我每天睡到自然醒，出海抓几条鱼，回来后跟孩子们玩一玩，黄昏时晃到村子里喝点小酒，跟哥儿们玩玩吉他，我的日子可过得充实又忙碌呢！

美国人不以为然，帮他出主意："我是美国哈佛大学企管硕士，我倒是可以帮你忙！你应该每天多花一些时间去抓鱼，到时候你就有钱去买条大一点

的船，再买更多渔船。然后你就可以拥有一个渔船队。然后你可以自己开一家罐头工厂。如此你就可以控制整个生产、加工处理和行销。然后你可以离开这个小渔村，搬到墨西哥城，再搬到洛杉矶，最后到纽约，在那里经营你不断扩充的企业。"

墨西哥渔夫问："这又花多少时间呢？"美国人回答："十五年到二十年。"

然后呢？

美国人大笑着说："然后你就可以在家当皇帝啦！时机一到，你就可以宣布股票上市，把你的公司股份卖给投资大众，到时候你就发啦！你可以几亿几亿地赚！"

"再然后呢？"

美国人说：那个时候你就可以退休啦！你可以搬到海边的小渔村去住。每天睡到自然醒，出海随便抓几条鱼，跟孩子们玩一玩，黄昏时，晃到村子里喝点小酒，跟哥儿们玩玩吉他喽！

墨西哥渔夫疑惑地说："我现在不就是这样了吗？"

思考：渔夫和商人之间为何想法不一样？他们各自追求的是什么？

过渡语：不同的价值观将决定不同的生活方式。在生活中，我们要明白自己追求的是什么。

二、幸福是什么（约10分钟）

教师：同学们，我们来做一个游戏——幸福是什么？每个人拿出一张白纸，在白纸上围绕"幸福"，快速写出想到的10个词语。

（同学自由展示）

同学们，我们每个人都有不同的价值观，有的同学写的10个词语中提到了幸福是金钱、是权力、是地位，有的同学认为幸福是爱情、是亲情，有的同学认为幸福是快乐、是无忧无虑……我们一起来总结一下同学们的价值观类型。

三、职业价值观大澄清（约20分钟）

教师：同学们，下面有两个工作岗位，你会选哪一个？并说说自己的原因

工作一：工作规律，风险小，稳定，离家近、工资低。

动作二：变化较多，收入高，风险大，离家远，失业可能性大。

有的同学选择了第一种工作，有的选择了第二种工作，每个人都有自己的理由，因为每个人都看重了工作中的一个方面，这说明，职业与价值观有关，职业价值观因人而异。那么，我们的价值观中哪些因素占主导呢？请同学们完成下表，根据喜好程度，从1—15进行排序：

表2-15 工作价值项目排序表

工作价值项目	排序
1. 愿意参加志愿者队伍，为社会，大众尽力	
2. 喜欢艺术，希望世界更美好	
3. 喜欢与众不同，喜欢创新	
4. 喜欢学习，提高知识和技能	
5. 按自己方式做事，少受限制	
6. 喜欢容易看到成果的工作	
7. 受到别人的尊重	
8. 有管理的权利	
9. 有较理想的收入	
10. 工作稳定，生活有保障	
11. 有良好的工作环境	
12. 与上司和谐相处	
13. 与同事愉快合作	
14. 工作富有变化，不枯燥	
15 能选择理想的生活方式	

请同学们讨论：你认为，以上15种工作价值项目的描述分别代表了哪些

价值观？你认为这些价值观适合哪些职业类型？

找出排序在最前面的五项，填写在下面的表格中，和同学们讨论，找出自己较为理想的职业。

表 2-16 理想职业表

	我的工作价值观	理想的相关职业
1		
2		
3		
4		
5		

以下是 9 种价值观及对应的职业类型。

1. 自由型（非工资生活者型）。该类型职业价值观的人不受别人指使，凭自己的能力拥有自己的小城堡，不愿受人干涉，想充分施展本领；适合职业类型有室内装饰专家、图书管理专家、摄影师、音乐教师、作曲家、编剧、雕刻家、漫画家等艺术性职业。

2. 小康型。该类型职业价值观的人追求虚荣，优越感也很强，很渴望能有社会地位和名誉，希望受到众人尊敬。欲望得不到满足时，由于过分强烈的自我意识，有时反而很自卑；适合职业类型有记账员、会计、银行出纳、法庭速记员、成本估算员、税务员、核算员、打字员、办公室职员、计算机操作员、统计员、秘书等。

3. 支配型（权力型）。该类型职业价值观的人想当上组织的一把手，飞扬跋扈，无视他人的想法，为所欲为，且视此为无比的快乐；适合职业类型有推销员、进货员、商品批发员、旅馆经理、饭店经理、广告宣传员、调度员、律师、政治家、零售商等。

4. 自我实现型。该类型职业价值观的人不关心平常的幸福，一心一意想发挥个性，追求真理。不考虑收入地位及他人对自己的看法，尽力挖掘自己的潜力，施展自己的本领，并视此为有意义的生活；适合职业类型有气象学家、生物学家、天文学家、药剂师、动物学者、化学家、报刊编辑、地质学者、物理学者、数学家、实脸员、科研人员、科技工作者等。

5. 志愿型。该类型职业价值观的人富有同情心，把他人的痛苦视为自己的痛苦。不愿干表面上哗众取宠的事，把默默地帮助不幸的人视为无比快乐；适合职业类型有社会学家、福利机构工作者、导游、咨询人员、社会工作者、社会科学教师、护士等。

6. 技术型。该类型职业价值观的人认为立足社会的根本在于一技之长。因此，钻研一门技术，认为靠本事吃饭既可靠，又稳当；适合职业类型有木匠、农民、工程师、飞机机械师、自动化技师、野生动物专家、机械工、电工、司机、机械制图等。

7. 经济型（经理型）。该类型职业价值观的人断然认为世界上的各种关系都建立在金钱的基础上，包括人与人之间的关系，甚至父母与子女之间的爱也带有金钱的烙印。这种类型的人确信，金钱可以买到世界上所有的幸福；各种职业中都有这种类型的人，商人为甚。

8. 合作型。该类型职业价值观的人认为人与人交往非常好；适合职业类型有公关人员、推销人员、秘书等。

9. 享受型。该类型职业价值观的人喜欢安逸的生活，不愿从事任何挑战性的工作；无固定职业类型。

四、总结：（约5分钟）

（1）价值观因人而异。
（2）价值观不同，职业选择也就不同。
（3）学会选择与取舍。
（4）抓住机会，不轻言放弃。

第四单元　气质与职业

【活动目标】1. 通过量表、他人评价，了解自己属于什么气质类型
　　　　　　2. 根据自己的气质类型，选择合适自己的职业类型
　　　　　　3. 进一步引发思考择业的重要性
【活动方法】讨论法、讲授法、测验法

【活动时间】1 课时

【活动准备】气质测验

【活动过程】

一、激趣导入（约 5 分钟）

职业关系到我们的幸福生活指数。美国一个社会调查商务机构从 1962 年开始连续 30 年不间断地对 1000 万个欧美 60 岁退休的老人进行调查："你回望自己过去的岁月，最悔恨的一件事情是什么？"73.98% 的人填"入错行"，53% 的人填"交的朋友的质量不高"，48.78% 的人填"不注意自己的身体"，38.56% 人填"家里事物处理不圆满"，只有 11.28% 的人填"没有赚够钱"，这说明一个人一生职业的抉择对错，相当于是面对天堂和地狱之门的选择，苏联伟大作家高尔基曾说过："人的一生，工作快乐是天堂，工作痛苦是地狱。"

教师：同学们，选择自己喜欢的职业，关系到自己一生的幸福指数，我们今天讲述的专题是"气质与职业"。

二、概念澄清（约 25 分钟）

教师：我们在日常生活中常说，"这个人真有气质"，那么，到底什么是气质？大家知道哪些气质类型，以及气质类型的特点？

这里所说的"气质"与日常生活中所说的气质不同。这里的"气质"是指表现在心理活动的强度、速度、灵活性与指向性等方面的一种稳定的心理特征。人的气质差异是先天形成的，受神经系统活动过程的特性所制约。孩子刚一落地时，最先表现出来的差异就是气质差异，有的孩子爱哭好动，有的孩子平稳安静。气质是人的天性，无好坏之分。气质不能决定一个人的成就，任何气质的人只要经过自己的努力都能在不同实践领域中取得成就，也可能成为平庸无为的人。气质与性格的差别：气质没有好坏之分，且是先天的，与生俱来的，难以改变的。性格是后天形成的，较易改变。某种气质的人更容易形成某种性格，性格可以在一定程度上掩饰、改变气质。气质的可

117

塑性小，性格的可塑性大。

总结气质类型及相应职业：

胆汁质：情绪易激动，反应迅速，行动敏捷，暴躁而有力。但是，遇到不高兴的事或挫折，变得粗暴。工作和学习上带有明显的周期性，埋头于事业，也准备去克服通向目标的重重困难和障碍，但工作不专注。这类型的人不足是缺乏自制性、粗暴和急躁、易生气、易激动，因此，要注意在耐心、沉着和自制力等方面的心理修养。胆汁质的人对自己的本职工作不那么专注，所以具有这种气质的人应该先从事踏实而平凡的工作，积累更多的经验。适合胆汁质的工作有：管理工作、外交工作、驾驶员、服装纺织业、餐饮服务业、医生、律师、运动员、冒险家、新闻记者、演员、军人、公安干警、记者、图案设计师、实业家、企业中外勤工作、业务员、营销员等外向型的职业。

多血质：又称活泼型，敏捷好动，善于交际，在新的环境里不感到拘束。在工作学习上富有精力而效率高，表现出机敏的工作能力，善于适应环境变化。在集体中精神愉快，朝气蓬勃，愿意从事合乎实际的事业，能对事业心向神往，能迅速地把握新事物，在有充分自制能力和纪律性的情况下，会表现出巨大的积极性。兴趣广泛，但情感易变，如果事业上不顺利，热情可能消失，其速度与投身事业一样迅速。从事多样化的工作往往成绩卓越。适合职业：心理咨询师、导游、推销员、节目主持人、演讲者、外事接待人员、演员、市场调查员、监督员等。

黏液质：稳重，考虑问题全面；安静，沉默，善于克制自己；善于忍耐。情绪不易外露；注意力稳定而不容易转移，外部动作少而缓慢。态度持重，交际适度，不爱空泛的清谈，情感上不易激动，不易发脾气，也不易流露情感，能自治，也不常常显露自己的才能。这种人长时间坚持不懈，有条不紊地从事自己的工作。其不足是有些事情不够灵活，不善于转移自己的注意力。惰性使他因循守旧，表现出固定性有余，而灵活性不足，从容不迫和严肃认真的品德，以及性格的一贯性和确定性。适合职业：外科医生、法官、管理人员、出纳员、会计、播音员、话务员、调解员、教师、人力人事管理主管等。

抑郁质：抑郁质的人一般表现为行为孤僻、不太合群、观察细致、非常敏感、表情腼腆、多愁善感、行动迟缓、优柔寡断，具有明显的内倾性。适合职业：校对、打字、排版、检察院、雕刻工作、刺绣工作、报关员、机要秘书、艺术工作者、哲学家、科学家。

通过以上的了解之后，我们来做一个小测验，来看看自己的气质属于什么类型。（网页百度"气质类型测试"）

三、小组讨论（约15分钟）

教师：同学们，我们现在已经知道了自己的气质类型，下面我们以6人为一小组，针对本组同学的气质类型和未来想从事的职业，提出改进和建议。

过渡语：不管何种气质类型，我们要做的都是不断地完善自己。职场成功人士又是怎样完善自己的呢？下面，我们一起来看成功人士培养气质的方法：

1. 培养自信的语言

2. 让你的笑容像阳光一样

3. 积极表露你的热情

4、让表达自己成为一种习惯

5. 让你的肢体语言更有感染力

6. 谈吐讲究"不凡"

7. 站坐走要有形

8. 让你的行动更干练

9. 用知识武装自己

10. 用音乐来熏陶自己

11. 让自己的穿着大方得体

12. 时时注意自己的形象

13. 关键时刻要放松

14. 紧张的时候深呼吸

15. 学会控制自己的情绪

16. 悲观时，进行自我暗示

17. 保持谦逊

18. 用变通打破困境

19. 让自己充实起来

20. 虚心接受别人的批评

……

调查表明，中学生气质佳的表现，大家一起看看自己做到了哪些：

表 2-17　中学生气质佳的表现

男生气质佳的标准	女生气质佳的标准
语言幽默	举止文雅
举止稳重	语言得体
学识渊学	心胸开阔
衣着整洁、大方	积极上进
有领导能力	心灵手巧
富有正义感、责任感	善良
多才多艺	善解人意
自信、乐观	饱读诗书
思想文明	
关心国家、心怀大任	

第五单元　兴趣与职业

【活动目标】1. 了解自己的兴趣爱好以及与之对应的职业

　　　　　　2. 提升学生的团队合作能力

【活动方法】讨论法、讲授法、测验法

【活动时间】1 课时

【活动准备】白纸 6 张，马克笔两支，《霍兰德职业兴趣测评量表分析》

【活动过程】

一、引言导入（约 5 分钟）

我的人生正是使事业成为喜悦，使喜悦成为事业。

——罗素（英国哲学家）

教师：兴趣是指一个人认识、了解某种活动和事物，并经常参与该活动，掌握该事物的心理倾向。兴趣的对象可以是物质的，也可以是精神的。那么，同学们，你们的兴趣爱好有哪些？（同学自由回答）你希望按照你的兴趣爱好选择你的职业么？你会选择哪些职业？

过渡语：如果一个人喜欢自己所从事的职业，那么他获得成功的几率就达到80%。显然，正确的选择，将决定自己是否拥有幸福的人生。

二、探索兴趣岛（约 35 分钟）

假设每位同学都获得了一次免费度假旅游的机会，有机会去下列6个岛屿中的一个。唯一的要求就是你必须在岛上待满至少一年的时间。请不要考虑其他因素，仅凭自己的兴趣按一、二、三的顺序挑出你最想前往的三个岛屿。

第一岛屿（图 2–25）——自然原始的岛屿

岛上的自然生态保持得很好，有各种野生动物。居民以手工见长，自己种植花果蔬菜、修缮房屋、打造器物、制作工具，喜欢户外运动。

图 2–25

第二岛屿（图 2–26）——深思冥想的岛屿

有多处天文馆、科技博物馆及图书馆。居民喜欢观察学习，崇尚和追求真知。常有机会和来自各地的哲学家、科学家、心理学家等交换心得。

图 2–26

121

第三岛屿（图2—27）——美丽浪漫的岛屿

充满了美术馆、音乐厅，街头雕塑和街边艺人，弥漫着浓厚的艺术文化气息。居民保留了传统的舞蹈、音乐与绘画。许多文艺界的朋友都喜欢来这个地方找寻灵感。

图2—27

第四岛屿（图2—28）——友善亲切的岛屿

居民个性温和、友善、乐于助人，社区均自成一个密切互动的服务网络，人们重视互助合作，重视教育，关怀他人，充满人文气息。

图2—28

第五岛屿（图2—29）——显赫富庶的岛屿

居民善于企业经营和贸易，能言善道。经济高度发展，处处是高级饭店、俱乐部、高尔夫球场，往来者多是企业家、经理人、政治家、律师等。

图2—29

第六岛屿（图2—30）——现代、井然的岛屿

岛上建筑十分现代化，是进步的都市形态，以完善的户政管理、地政管理、金融管理见长。岛民个性冷静保守，处事有条不紊，善于组织规划，细心高效。

任务一：你会选择去哪个岛屿？按照自己的第一选择的岛屿分组就座。要求：安静、迅速。

图2—30

任务二：同一个岛屿上的人互相交流，自己为什么选择这个岛屿。看看大家有什么共同的兴趣爱好，归纳为关键词。

任务三：根据组内成员的交流结果，给自己的小组命名，并选取一个标志物或LOGO，在大白纸上制作本小组的宣传画。（评价标准：每个成员对小组做出一定的贡献，具有积极主动的态度。）时间为 10 分钟。

任务四：用两分钟的时间展示自己小组的图，并在全班介绍自己小组成员的共同特点。（评价标准：演讲要有内容有分析，同时表现出团结）

分享：通过这个活动，你有什么感受？为什么有的同学在选择过程中又改换成其他的岛屿？在真实的职业环境下，入职后你后悔自己的选择，重新寻找新的工作，你将得到什么？失去什么？

三、总结（约 5 分钟）

兴趣将决定职业。选择什么样的职业，即选择什么样的人生。（发放《霍兰德职业兴趣测评量表分析》，与刚才的活动相联系对照看自己适合何种工作）

四、课后作业

完成以下调查表：

表 2-18　调查表

对象	原专业	现职业	一致原因	不一致原因
1.＿＿＿＿				
2.＿＿＿＿				
3.＿＿＿＿				

【"351"学习体系——载体部分】

"351"语文学习方法指导

有人说，语文是容易的：母语习得，自然天成。也有人说，语文是艰难

123

的：微言大义，弦外有音。有人说，语文是美好的：月明风清，诗情画意。也有人说，语文是乏味的：古文百篇，成语如山。有人说，语文是愉悦的：风花雪月，快意恩仇。也有人说，语文是痛苦的：咬文嚼字，浩如烟海。

有人说，学习语文艰难无比，苦海无边，何处是岸？我说，勤奋是舟，方法做桨；老师导航，顺利抵港！

一、掀起你的盖头来——高中语文的特点

我们已经进入高中学习阶段，高中语文的学习有哪些显著特征呢？

1. 内容更加广泛、丰富

我们要学习的内容包括必修内容和选修内容。其中，必修包括五个模块，每个模块分为四个话题单元和一个学习专题。选修内容包括唐诗宋词、中国古代小说、现当代小说、《史记》、语言的运用等内容。

从教材涉及的内容看，几乎包括人类进入文明社会以后各个时期的作品。

从表现内容上看，它纵横古今，包罗万象。既有对自然山水人情世态的感受和领悟，又有对生命的赞叹，对艺术的讴歌，对文明的思索……

2. 系统性强、能力要求高

初中语文学习的要求注重感性的认识和积累，高中语文学习的要求已上升到能够对有关内容进行知识性、系统性的理解和领悟。比如，学习诗歌，初中要求是读读背背，形成语感，在教师的指导下能够初步理解诗意；而高中则要求能够对其进行分析，学会鉴赏和感悟。

高考考查内容多样，对语文能力的要求更高，包括：

基础知识积累：字音、字形、近义词、成语、标点、病句、默写等（21分）

阅读类：社科文阅读（9分）、文言文阅读（22分）、诗歌鉴赏（8分）、现代文阅读（文学类文本和实用类文本选作，18分）

表达类：语言运用（12分）、作文（60分）

考查能力多样，包括：

识记能力、理解能力、分析综合能力、鉴赏评价能力、表达应用能力、探究能力等。

3. 自主性要求更强

语文学习不同于其他学科的一个重要特点，就是教师的"教"不会直接提升大家的学习水平，而必须通过你们的自主学习，自求理解，才能逐渐达到"自会读书，自能作文"的境界。

企图靠教师讲得好、深、透，自己只管默默聆听、记忆就学好语文，这种想法已被无数事实证明：此路不通。因此，高中语文教学，教师不只是"奉送真理"，而是教给大家"发现真理"的方法、途径和规律。这样，你们就能自己用"拐杖"走路。

二、想说爱你很容易——学习语文的作用

有人说，"学好数理化，走遍天下都不怕"。我说，"学好语文，才能学好数理化"。你想，没有语文做基础，连题意都不理解，怎么去学数理化呀？

其实，说它重要，不仅仅是因为她在高考中占了150分，而是因为没有她你寸步难行。

打开电视，独具匠心的广告语和个性感人的电视剧台词就扑面而来。

出去逛街，一个接一个的店名或有趣，或个性，或深刻，或优美，处处体现着语文的魅力。卖衣服的有"衣拉客""衣殿园""衣心衣意"……卖鞋子的有"时尚贵足""和鞋社会"……卖杂货开格子铺的给自己起名"格来美""格有千秋"……开精品店的起名"金粉饰家""饰全饰美"……这些名字，都是利用谐音，将词语改头换面，变成了小店的宣传语。有个理发馆叫"一剪美"，有一家饭店叫"好菜屋"，咱学校旁边有一个"七八酒食"，广为大家熟知的还有"天外天""白天鹅""丰盛园"。你去上个厕所，会有"来也匆匆，去也冲冲"的标语撞进你的眼帘。哪一天一不小心去了乡村，会有什么修桥铺路的宣传语直接向你袭来。我们想要脱离语文而生活几乎是不可能的。

所以说，一个店铺名包着店主的巧思，一副春联寄托着一年的憧憬，一句广告语宣传着一个品牌的理念。回过头来说，连你自己的名字都和语文有着密不可分的关系。不是吗？

125

步入社会，同样一笔生意，善于交流的人能够把它拿下；而一个拙于言辞的人能轻易将它搞砸。与人交往是一项很重要的能力，这项能力从学科的角度来说，只有语文能帮助你提高。我们"语言的运用"就是教给你如何与人交流的。

仔细研读一下语文课本，大家可以发现，我们高中的语文的学习不仅仅是为了高考那点事儿，她更能开启你的智慧之门，提升你的理解能力，使你与朋友交流时畅通无阻；能提升你的演讲、辩论才能，使你在各项竞选、比赛中尽显才华；能提高你的公关能力，使你在与别人的交流中，自然得体地展示自己；能提升你的写作能力，使你写出令人艳羡的文章。不仅如此，语文还能使你懂得什么是生活，什么是有价值的人生，什么是高尚，什么是真正的爱，什么是自我超越……语文学习会使我们原本粗糙浅陋的心灵日臻细腻、丰富、深刻、美好。

希望大家能通过不断学习，从根本上提升自己包括语文知识、语言积累、语文能力、语文学习方法和习惯，以及思维能力、人文素养等诸多因素的语文素养。进而让你在人生的路上畅行无阻。

古人云："书中自有黄金屋，书中自有颜如玉。"这一点在所有学科中，只有语文能做到。你说呢？

三、让我轻松走近你——学习方法指导

常有同学发出这样的疑问：记得以前自己的语文成绩也不错，为什么到高中后突然感觉语文基础很差？为什么其他学科学起来得心应手，可语文学习却变得无所适从？语文到底该怎样学？怎样才能尽快提高语文成绩？许多同学带着这样的疑问艰苦摸索，收效甚微，结果苦恼重重，浩叹连连：学好语文真难呀！

客观地说，语文学习内容的丰富性，学习时间的长久性决定它不能一蹴而就，所以不能急功近利，为应试求成绩，而应夯实语文基础，将其作为一项立身处世的本领努力学习下去。

那么，怎样才能提高我们的语文素养呢？

三种习惯

1. 记的习惯

"观千剑而后识器，操千曲而后晓声。"语文能力的提高绝不是一朝一夕的事儿，必须有大量的积累。因此，你必须有三个小本子。

（1）知识本（笔记本）

语文的知识点数量庞大，包括汉字的形音义，标点符号及词语的使用、辨析病句文言文以及文学常识和名篇名句等。这些知识点不是一天两天能够马上掌握的，需要你化整为零，逐个去解决。

我们可以准备一个笔记本或一些卡片，把不熟悉的字词记录下来；然后利用点滴的时间来记忆，比如饭后的五分钟，睡觉前十分钟等。熟悉的东西一笔带过，不熟悉的东西要做详细的记录，对于易错的地方要用红色的笔做标记，这样在记忆时就会有较强的针对性。

（2）杂记本（摘抄本）

杂记本主要用来摘录课文中的妙辞佳句、精彩段落。杂记本要经常携带，努力坚持、成为语文资料的重要积累。此外，杂记本也用于课外的一些摘录。学好语文要有一个深厚的积累。我们平时要有了一定的课外阅读量，这样才能提高自身的语文修养和作文水平，使自己在阅读和写作上能得心应手。阅读中可广泛摘抄词语、警句、俗语、名人名言、精彩语段，还可提炼情节梗概，做作品评析、鉴赏、读后有感等。先占有，才能运用。优美的句子背得多了，慢慢就能用在自己的文章中。人说，"腹有诗书气自华"，这是个长远的效果；就短期目标而言，腹有诗书"文"自华啊！

也许你会说，我们曾广泛阅读、搜集，我们曾笔耕不辍地摘录，然而笔耕舌耘的努力终不能换得旁征博引地左右逢源，入木三分地个性剖析，言近旨远地妙笔生花。那些鲜活的事例，那些精彩的言语往往于别人的作品中出现时，我们才油然生出"却是旧时相识"的感慨。我们似乎徘徊于积累与运用的两岸。是的，很多时候，我们需要一座沟通二者的桥，我想这座桥的名字叫梳理。

给大家的梳理建议：

【准备】

1. 结实耐用的 16 开笔记本，标注页码

2. 扉页上写一句激励自己的座右铭

3. 空出 5 页准备写目录

4. 正文的页眉页脚处摘录名言警句及其他精辟简短的言论

【正文】

按以下形式整理

1. 或摘抄或概括主要内容或粘贴，总结关键词

2. 材料引发的感想或从语言、手法、构思等方面对文段进行赏析

3. 简要写出此则材料可以论证怎样的观点

4. 有哪些和此则材料相似或相反的材料（短则摘录，长则粘贴或链接到某一页）

5. 留出一定空白，随时补充整理

例如

【事例材料】

法国年轻的家务杂工乔利，不小心将灯油滴在熨烫的衣服上，只好白干一年来赔偿。后来，他发现被煤油滴染的地方，不仅没脏，反而把污渍清除掉了。这个发现，促使他研制出干洗剂，改革了传统的洗衣技术。

【关键词】

不小心打翻煤油发明干洗剂

【感想】

乔利的发现告诉我们，一个小小的的发现或创意可能会改革一项技术。

生活离不开思考与探索，而思考与探索则需要创意，创意推动了社会进步，社会进步会给我们带来更好的生活。

【适用主题】

（1）质疑是发现发明的萌芽，探究是它们得以实现的动力。乔利如果没发现"被煤油滴染的地方，不仅没有脏反而把陈年污渍也清除了"，他就不会去研制干洗剂。

（2）伟大的发现发明隐藏在生活的细节中，只要我们善于观察，勤于思考，就能做到。

【相似素材拓展】

道尔顿送给妈妈一双袜子，妈妈说："我这个年纪怎么能穿红袜子呢？"

大家都说是红色而道尔顿看到的却是蓝色，他感到自己色觉有问题。他研究了两年，1794 年发表论文《视觉之异常》，将这种疾病称为色盲症，填补了医学理论上的一项空白。

【目录】

将正文中的材料按话题归类

在每个话题之下，写出题目、关键词、页码，形成目录。

（3）随笔本（文集本）

真正的写作不是被动地完成任务，而是主动地创作。贵在多练笔，常坚持，抒写自己的生活感悟和情怀。我们要准备一本专门用于练习写作的随笔本，通过平时多积累、多感触、多思索，勤于动笔，养成良好的笔力文风。

积累，是做好一切的基础。贵在坚持，也难在坚持。

2. 读的习惯

读，可以培养语感。好的语感对语言的学习是非常重要的，比如，"一段话里面为什么用这个词语而不用另外的一个词语""这是一个病句"，在很多时候，我们都不用去问"为什么"，语感都已经告诉我们原因，而语感的培养就是在于我们平时点点滴滴的"读"所积累的。

读，是提高阅读理解能力的一个有效途径。这里所说的"读"，并不仅仅是指把文章朗读或默读一遍，而是还要包括思考和识记等内容。换言之，读，应该是一个动口动脑动手的过程。读，也是一个积累语文基础知识和作文素材的手段。涉猎广泛，见多识广，胸中自有"丘壑"。这样，在作文的过程中，就不会感觉自己无话可说，写出来的文章也不会空洞干巴，而是洋洋洒洒，言之有物了。

但是，大家在阅读的时候，多半是喜欢看它跌宕起伏的情节，而这容易使大家读时一目十行，迅速跳读、扫读；而在精读、细读上做得不够好，这难免会遗漏关键信息。例如，大家在读《绝壁上的青羊》时，一部分同学读得不细致，结果误以为老葛就是想杀羊，不小心把羊误放了。

所以，我们必须能静下心对文本进行一字一句地细致阅读、深入理解。同时，要养成"笔不离手"的习惯，随时在文章中勾画那些关键词句。

有的同学可能会说，现在我们学习压力大，没有时间阅读。其实，时间真的是挤出来的。可以在课间、午休前、晚自习前、晚睡前。多了没有，但

一天半小时基本上是没有问题的。可以给自己规定，每天必须阅读 2 ~ 3 页。要想渠儿清清，就必须有源头活水。

3. 写的习惯

这主要包括两方面：一是书写，二是写作。

（1）书写

在书写方面，高考考纲有明确的要求：作文一类卷书写美观，二类卷书写工整清楚，三类卷比较工整清楚，四类卷书写潦草。高考从 2005 年开始，山东单独命题，语文实行网上阅卷，这就对书写有了更进一步的要求。所以，无论是高考考纲还是山东语文网上阅卷，都在告诉我们一个信息：必须把字写好。

退一步说，要求所有的人都达到美观的程度，也不现实，但是书写工整清楚，避免潦草，这却是我们每个人都能够做到的。也许有人拿"写工整了会影响答题速度"之类的话来给自己的书写欠工整找借口。是的，在你认真书写的最初阶段，它是会对你的答题速度有一点影响的。可是，我们总不能因为还有下一次的"流感"，就不去治疗这一次的"重感冒"了吧？明明知道书写不过关会影响到语文成绩，我们又怎么敢不去重视呢？

其实，要做到书写工整并不难。我们的汉字是方块字。这句话对我们就是一个启示：方者，方也，就是要在"方"上动心思。你的字写得横平竖直了吗？你的字左上角与左下角、右上角与右下角在一条线了吗？还没有？那就从这两个方面着手吧。相信不用多长时间，你自己写的字你自己都不敢认了，你都不敢相信你会写得这么好了。

（2）写作

好文章是写出来的。要经常写，不断写。

很多同学一看到作文就头疼。但是实际上，并没有那么困难。关键是要养成勤于动笔的习惯。

随时有什么想法或体会都把它记下来。勤观察，勤思考，勤动笔记录。就算没有办法坚持写日记，那至少要坚持写周记。记下令你心动、心喜、心痛的感受。

另外，虽然说，文无定法，但是作文还是讲究一点"法"的。在这里，首先要澄清一个问题。应试作文与平时写的文章是有区别的。平时写的文章，我们是去"品味"，而应试作文往往是浏览的。浏览与品味就有了质的区别。所以，写应试作文非注意一点应试技巧不可。比如，文章开头，单刀直入，开宗明义，一开篇先让读者明白你在写什么，这点很重要。否则，看了半天了，读者还云里雾里，不知道你要说什么。这怎么可以呢？文章主体部分一定要围绕中心去写，一定要言之有物，这些最起码的要求必须做到。到了结尾部分，对所要表达的主旨最后再强调一次，加深一下读者的印象。这样，一篇文章也就大功告成了。

当然，一味地瞎写是不行的，我们还要多借鉴别人的文章，多读美文，让你的文章靓起来。作文需要有亮点，比如，语言的优美，构思的精巧，情感的真挚，哲理的感悟，对世界个性化的理解等等。

五种方法：巧记录，巧记忆，巧学文言文，巧用课本，巧观察勤思考。

1. 巧记录

有人说，"最淡的墨水胜过最好的记忆"，真是不刊之论。

第一，笔记本的记录。

基础知识和做题的方法必须记笔记，我们要学会分门别类，根据考试内容或学习内容，将它区分出基础知识、文言文、诗歌鉴赏、阅读题型和方法、语言运用等板块，将同类知识点整理到一起。如果需要后续整理的（如文言虚词的用法）要注意留白。

平时的典型例题等，也可整理在上面。用双色笔，标注重点；版面设计要合理。

这样的笔记本拿过来一看，重点突出，一目了然，赏心悦目。

第二，阅读时也需要做笔记。

鲁迅先生提出，读书要"眼到、口到、心到、手到、脑到"，不动笔墨不读书。下面给大家介绍几种做读书笔记的方法。

（1）圈点笔记　阅读你自己的书籍时，可随时在书的重点、难点和精彩之处画线或做各种符号。如直线、双线、圆圈、黑点、箭头、曲线、方框等。有些精读的书，还可以用不同颜色的笔画线，以示区别。比如，在重点行下面画上红线，在难点行下面画上蓝线等。每种线条和符号代表什么意义，你的书本你做主。

（2）批语笔记　阅读中，在文章的空白处，随时写上自己的一些看法或

131

体会。这样做的好处是便于以后阅读时引起注意，也是一种灵活、简便的读书笔记的好形式。

（3）摘录笔记　可摘录在本子上，也可摘录在卡片上。摘录时应注意不要断章取义，不要改动原文的字句和标点。

（4）提纲笔记　把文章的提要写出来，力求抓住重点，概括出基本内容，文字须简明扼要，但注意不要把自己的看法和感想写进去。提纲笔记对以后自己在写作中的资料运用会很有帮助的。

不动笔墨不读书，是很多人体验、总结出来的良好的读书方法，对于提高写作能力来说，也是一个很重要的基础训练方法，但愿大家能够做到。

2.巧记忆

在语文学习的过程中，有许多知识概念和相关内容是需要记忆的。语文记忆的方法有多种，对不同的内容要采用不同的记忆方法。

（1）机械记忆法

直白的说法就是"死记硬背"。这种记忆方法适用于记忆互不关联的、分散的、孤立的知识点。对于语文来说，课文中的生字、生词、作家作品常识、个别文体、语法、修辞概念等，在不易采用其他记忆方法时，常要采用机械记忆的方法。

（2）理解记忆法

在语文学习中，无论是对字词的掌握，还是对文言文的背诵都离不开理解，应在抓住特征、理解本质的基础上去进行记忆。如"线""钱""浅""栈"，根据声旁我们可以知道它们的读音大致与"jian"相近，根据形旁我们可以知道它们的字意内容分别与"丝""金""水""木"等事物有关。

而近义词、成语、文言实虚词等内容必须把它们放在典型语境中才能真正理解，也才能记忆得长久，最终准确判断、学会使用。

（3）联想记忆法

运用联想记忆的方法可以把许多知识联系起来，贯穿成线，形成知识网络，便于我们在记忆知识时顺藤摸瓜，由此及彼地记住所学的相关知识。例如，对于文言实虚词的记忆，必须把它的一些典型用法和含义勾连到一起。如"其"作第一人称代词比较少见，就要把"品其名位""而余亦悔其随之而不得极夫游之乐也"等典型句子联系起来，同时把它用作语气副词的典型句子，如"其孰能讥之乎""其可怪也欤""吾其还也"等积累在一起，加以记忆。这样就能把"其"的主要用法掌握好。

（4）口诀记忆法

我们可以运用口诀记忆形近字、易错字。

例如，用"横戌 xū 点戍 shù 戊 wù 中空，十字交叉读作戎 róng"的口诀来记住"戌、戍、戊、戎"四个形近字。

3.巧学文言文

不少学生害怕学文言文，觉得自己虽然花了不少精力学习，有了一定量的知识积累，但在没有教师的帮助下，独立阅读浅易文言文的能力却不强，应对考试常会感觉比较困难。其实，攻克文言文并不难，只要找对了方法。怎样学习文言文才能更有效呢？具体来说，可以按读、译、诵、析、结五个主要步骤进行学习。

读

学文言文一定要读，应该在理解句意和正确断句的基础上多朗读。因为文言文的语感培养很重要。另外，很多同学不喜欢，还因为文言文翻译起来很枯燥。其实，文言文是很有趣的。大家可以根据自己的兴趣多读一些有趣的文言语段，或者读一些故事性强的古代作品。例如，《聊斋志异》《史记》中的一些故事，用其中跌宕的情节带动大家阅读的愿望，你会发现文言文越来越好理解了。

译

平时预习或复习时，可以看着原文口头翻译，如果翻译不下去，就做出标记，查找译文互相探讨或者向老师请教，加以解决。不要畏惧，放声翻译出来。

诵

背诵是培养文言文语感的最佳方式。背诵最好的方式就是把内容分为几个组块，比方《阿房宫赋》第三段，可以分为三个层次，只要理解了意思，背下来是很容易的。

析

析就是对课文的大意、思想、人物进行挖掘。分析过程中，首先结合当时的历史背景，比方《屈原列传》中屈原为什么要自杀，联系当时士人的追

133

求和立身之本，这个问题才能得到合理的解释。

结

即积累文言文基础知识。文言文的基础知识分为八项：通假字、活用词、特殊句式、一词多义、虚词用法、双音词古今异义、成语名句、生字生词。要前后勾连，举一反三，将散乱的点及时串联成串儿。

4. 巧用课本

很多同学喜欢读一些课外的文章，而不喜欢我们的课文。其实，读课文有读课文的好处。

第一，通过学习课文，积累方法，养成良好的习惯。

课文是你的无声的老师。课文可以给我们解疑答惑，帮助我们积累知识、掌握学习的规律和方法。所以，大家不要一看课本就头疼，要知道先"得法于课内"，才能"得益于课外"。通过学习课本，我们可以在教师的引导下养成几个基本的阅读习惯，如先通读、整体把握；再细读、深入品味；笔不离手，圈点勾画等。具体一点说我们可以通过学习《祝福》《最后的常春藤叶》等文章，掌握关于小说的相关知识、解读方法和各类题型的答题思路。然后再把这些方法用于课外小说的阅读上，提升自己的能力。

第二，作为自己的素材积累基地。

同时，课文大都是一些典范作品，里面有大量素材，完全可以用于我们的写作。例如，学习了《都江堰》，我们可以积累关于李冰一心为民、淡泊名利的材料；学习了《屈原列传》和《报任安书》我们积累了屈原和司马迁关于人生抉择的材料。当然，你还可以多角度去思考，"一材多用"。

5. 巧观察、勤思考

有人说，天地宇宙有多大，你的语文课堂就该有多大；天下众生有多少，你的语文老师就有多少；文字读物有多少，你的语文课本就有多少。的确如此，生活每时每刻都在向你传达有关语文的有用信息，大自然每时每刻都在与人类进行着心灵的对话。

既然语文和生活紧密相关，我们就要用心观察和体悟生活，尽量提高自己的"敏感度"。

一是要对语言敏感

看到好的文章，听到好的歌词、广告词，听到街上行人口中的一句歇后语，看到报纸杂志上的一句名言，数理化教科书上的一个词语，立即引起我们高度的警觉，惊叹之、品味之、记录之、在写作中想方设法地使用，这就是语言敏感。在作文中，一个句子，没有找到合适的词语，耿耿于怀，"语不惊人，誓不罢休"，这就是语言敏感。古人说，"文章千古事，得失寸心知"，大概也是这个意思吧。

生活之中时时处处都有语文，有了强烈的语言敏感，每时每刻都有人在教你语文了。

二是要有"生活的敏感"

有一天，大街上两个人骑自行车相撞，引起了争吵，有两个同学都从此经过，一个同学在日记中写道："今天见两个人当街吵架，很是无聊，其他无事。"另一个同学则这样写道：

"圈　早晨骑车上学的路上，密密麻麻围了一群人，摆出了一个不很规则的圆圈。在圆心位置，站着两位同胞，一只手握着自行车把，另一只手指着对方大骂。原来是两位同胞撞了车子，引起了一场口舌之战。其实，这是小事一桩，并没有什么争吵的价值，更何况中国人常言'寸金寸光阴'。而路人竟然连班也不上了，为这无聊之事围成了这不大不小的圈。这真是生活中的一个怪圈。"

前者认为无事可写，后者却由此看到中国人的两大弱点，一是因小失大，不珍惜时光；二是鲁迅先生批判过的看客，在中国仍然存在。后一位同学有比较强的生活敏感，从细小的事件中看出实质来。一花一世界，生活中的智慧无处不在。万物为吾师，真是不灭的真理。王国维先生说，做大学问需有三重境界，"昨夜西风凋碧树，独上高楼，望尽天涯路"，此第一境也；"衣带渐宽终不悔，为伊消得人憔悴"，此第二境也；"众里寻他千百度，蓦然回首，那人却在灯火阑珊处"。此第三境也。我们相信，只要同学们胸怀大志，为提高语文水平孜孜以求，注意培养语言敏感和生活敏感，扩大阅读量，提高读写效率，课堂上主动参与，针对语文考试内容进行有效的学习，那么你的语文成绩一定会提高。最终会提升语文素养。

语文素养是一种以语文能力为核心的综合素养，语文素养的要素包括语文知识、语言积累、语文能力、语文学习方法和习惯，以及思维能力、人文素养等。我们高中的语文学习能让大家掌握一定量的必要的语文知识，丰富

135

大家的语言积累，掌握 3500 个左右常用字和汉语常用书面词汇，背诵一定量的语段和优秀的诗文，阅读一定量的课外书籍，然后进一步掌握熟练的语言技巧，积累深厚的文化素养，使你的言谈举止更加高雅。总之，语文素养的内涵是非常丰富的。它是一种综合的文明素养，是作为个体融入社会，自我发展不可或缺的基本修养。相信大家通过科学的方法、倾情地投入，一定可以获得语文素养的提升。

"351" 数学学习方法指导

一、你了解高中数学吗？

新课标高中数学包含必修课程和选修课程。必修课程是整个高中数学课程的基础，包括 5 个模块，内容分别为：集合、函数、基本初等函数 I（指数函数、对数函数、幂函数）、基本初等函数 II（三角函数）、解三角形、立体几何、平面解析几何、数列、不等式、平面上的向量、算法初步、统计、概率。选修课程的内容为：常用逻辑用语、圆锥曲线与方程、导数及其应用、空间中的向量与立体几何、计数原理、统计案例、概率、数系扩充与复数的引入、推理与证明。

高中数学的学习是有特点的，大部分的基础知识点集中在高一，所以在高一学习数学，一定要调整好方法，注重知识的衔接及拓展。重点掌握集合、函数、立体几何、三角函数和平面向量五部分；加强对更为抽象的数学语言符号的理解记忆；强化逻辑运算，把握函数以及图形变化规律；培养解题思维能力。高二的课程就开始向高考靠拢，涉及的知识点都是高考的重点内容，如圆锥曲线，数列、空间向量，导数和概率等知识点；通过重难点、典型题型分析，着重锻炼思维及分析能力；加大做题量，有效控制做题时间，提高解题效率；强化基础训练，针对性提升，为高三阶段做好充分准备。高三更注重的是对以前知识的整理，查漏补缺，平时的学习和练习都是针对高考冲刺的。利用这一年时间要将知识点整理起来，联系到一起，针对考题做相关分析，掌握题型规律。对重点、难点进行分析总结，针对性地指导提升，做好最后冲刺的准备。

二、我们为什么要学习数学呢？

数学是一座险峻的高山，其险峻背后隐藏着美丽的风景。数学能像音乐一样，给人以巨大的心灵震撼。

数学——让我们更懂"人"

当我们面对一串串数学符号进行计算和推理时，表面上，我们是在操作符号，实际上是计算和推理在引导着我们的精神。所以，对数学知识的掌握就意味着领悟一种现代科学的语言和工具，学到一种理性的思维模式，培育一种审美情操。数学是一所优秀的思维学校，数学是一门睿智的训练学科，数学是一种抽象的思维模式。精确的数学语言让我们有条不紊地思考复杂的决策，而不是只凭意识、猜测和雄辩。

在中学学习数学，能帮助我们形成一系列优秀的品质，这些品质将成为我们立足于世的基石。第一，诚实正直，崇尚真理。计算、证明并不是一个简单的操作步骤或形式化过程，而是一系列的观点与洞察。数学结论就像一次次审判，对错分明。数学计算、数学演绎、数学证明都不能靠投机取巧，而只能靠一步一步的计算与推理。通过数学的学习，我们才会拥有诚实正直、以理服人、坚持真理、有错就改的优良品格。第二，勤于思考，勇于创新。要启发人类这种独有的、高贵的创新能力，莫过于数学。事实证明，数学家的成功并不在于他们的天赋有多高，而主要取决于他们的勤奋和创新。第三，坚韧不拔，敢于攀登。数学中没有王者之路，数学命题的证明犹如登山，只有那些坚韧不拔、勇于探索的人，才能达到胜利的彼岸。

数学——让我们更懂生活

一些看似很平常的现象，我们都能用数学知识解释。例如，在寒冬里，猫睡觉时，总是尽量把身子缩成一团，近似于一个球形，这个现象里有没有数学道理呢？数学中还有一个原理，即在体积相等的各种几何体中，以球的

表面积最小。寒冬里动物将身子缩成球形睡觉，是为了尽可能少地散发热量，保持体温。因为对于某个动物而言，它身体的体积是一定的，而在体积一定的几何体中，以球形的表面积最小，表面积越小，热量散发就越少。一些生活中的不同事物，却蕴含着同样的数学规律。

一个看似普通的数 0.618，却出现在生活的方方面面，因而被形象地称为"黄金分割比"。舞台上的报幕员并不是站在舞台的正中央，而是偏在台上一侧，以站在舞台长度的黄金分割点的位置最美观，声音传播得最好；如果从一个嫩枝的顶端向下看，就会看到叶子是按照黄金分割的规律排列；在科学实验中也常用 0.618 法进行工艺优选，可以使我们合理地安排较少的实验次数，找到合理的方法和合适的工艺条件。

数学——让我们更懂未来

数学不仅是科学的语言，而且以直接的方式为商业、财政、经济、国防做出贡献，为学生打开职业的大门。一个人懂得的数学越多，就会有更多的职业之门向他开放。

今天，那些理解数学并且能做数学的人，将比那些不懂数学的人获得更多的机会。从保险公司统计员、系统分析家、营销专家、网络管理人，到金融分析家，等等。实际上，数学历来都在帮助教育甄别哪些学生应该得到社会的报酬这一点上起到重要的作用。在某种程度上，数学水平和能力的不同决定了一个人将来从事的职业和发展前景。在未来世界中，求职和晋升的最好机会将提供给那些有信心应付数学的人，作为科学和技术的基础，数学提供通向成功的钥匙。

信息时代就是数学的时代，正如未来的科学家和工程师需要广泛的数学一样，未来的公民将需要极其多样的数学，以对付工作中大量以数学为基础的工具、设备和技术。中学数学在很大程度上奠定了一个人未来发展的思维基础，以及能力基础。

著名数学家华罗庚曾说，宇宙之大，粒子之微，火箭之速，化工之巧，地球之变，生物之谜，日用之繁，大千世界，天上人间，无处不有数学的贡献。

数学的魅力，将让我们的未来扬帆起航。

三、怎样才能学好数学呢?

高中数学担负着培养运算能力、逻辑思维能力、空间想象能力,以及运用所学知识分析问题、解决问题的能力的重任。学习数学一定要讲究"活",只看书不做题不行,只埋头做题不总结积累也不行。对课本知识既要能钻进去,又要能跳出来,结合自身特点,寻找最佳学习方法。

三习惯:

1.数学学习一定要养成严谨的习惯

数学就像我们的眼睛一样,容不下一粒沙子,在数学计算过程中,一个数字,一个小数点的错误都会导致所有计算的错误。数学是所有科研活动的基础学科,在天文学家研究天体运行轨迹的时候,数学运算是起了很大作用的。你听说过蝴蝶效应吗?如果计算过程中出现一点点小小失误都会导致结果的天壤之别。犹太文明和玛雅文明都是因为拥有数学方面的超级成就,可以说是数学造就了这两个曾经辉煌的文明。所以,数学的学习一定要严谨。

2.养成及时掌握数学思想和方法的习惯

学好高中数学,就要养成及时掌握常用的数学思想和方法的好习惯。中学数学学习要重点掌握的数学思想有以下几个:集合与对应思想,分类讨论思想,数形结合思想,运动思想,转化思想,变换思想。有了数学思想以后,还要掌握具体的方法,比如,配方、换元、待定系数、数学归纳法、分析法、综合法、反证法等。在具体的方法中,常用的有:观察与实验,联想与类比,比较与分类,分析与综合,归纳与演绎,一般与特殊,有限与无限,抽象与概括等。解数学题时,也要注意解题思维策略的问题,经常要思考:题目考查什么知识点,从哪入手,选择什么方法,解题过程中要注意什么问题等。高中数学中经常用到的数学思维策略有:以简驭繁、数形结合、进退互用、化生为熟、正难则反、倒顺相还、动静转换、分合相辅等。

3.养成"以我为主,锻炼思维"的学习习惯

数学不是靠老师教会的,而是在老师的引导下,靠自己主动的思维活动去获取的。学习数学就要积极主动地参与学习过程,养成实事求是的科学态度,独立思考、勇于探索的创新精神;正确对待学习中的困难和挫折,胜

不骄，败不馁，养成积极进取，不屈不挠，耐挫折的优良心理品质；在学习过程中，要遵循认识规律，善于开动脑筋，积极主动去发现问题，注重新旧知识间的内在联系，不满足于现成的思路和结论，经常进行一题多解，一题多变，从多侧面、多角度思考问题，挖掘问题的实质。学习数学一定要讲究"活"，只看书不做题不行，只埋头做题不总结积累也不行。对课本知识既要能钻进去，又要能跳出来，结合自身特点，寻找最佳学习方法。

五方法：

1. 配方法

配方法是对数学式子进行一种定向变形（配成"完全平方"）的技巧，通过配方找到已知和未知的联系，从而化繁为简。何时配方，需要我们适当预测，并且合理运用"裂项"与"添项""配"与"凑"的技巧，从而完成配方。有时也将其称为"凑配法"。最常见的配方是进行恒等变形，使数学式子出现完全平方。它主要适用于：已知或者未知中含有二次方程、二次不等式、二次函数、二次代数式的讨论与求解，或者缺 xy 项的二次曲线的平移变换等问题。配方法使用的最基本的配方依据是二项完全平方公式 $(a+b)^2 = a^2 + b^2 + 2ab$ 将这个公式灵活运用，可得到各种基本配方形式。

如（1）方程 $x^2 + y^2 - 4kx - 2y + 5k = 0$

分析：配方成圆的标准形式，解 $r > 0$ 即可。

（2）函数 $y = \log(-2x^2 + 5x + 3)$ 的单调递增区间是_____。

分析：配方后得到对称轴，结合定义域和对数函数及复合函数的单调性求解。

2. 数形结合法

数形结合思想在高考中占有非常重要的地位，"数"与"形"结合，相互渗透，把代数式的精确刻画与几何图形的直观描述相结合，使代数问题、几何问题相互转化，使抽象思维和形象思维有机结合。应用数形结合思想，就是充分考查数学问题的条件和结论之间的内在联系，既分析其代数意义又揭示其几何意义，将数量关系和空间形式巧妙结合，来寻找解题思路，使问题得到解决。运用这一数学思想，要熟练掌握一些概念和运算的几何意义及常见曲线的代数特征。

应用数形结合的思想，应注意以下数与形的转化：（1）集合：数轴与韦恩图；（2）函数方程与函数图像；（3）直线和圆的方程与图形；（4）斜率公式和距离公式的几何意义。

如（2013 山东高考理）在区间 [−3, 3] 上随机取一个数 x，使得 $|x+1|-|x-2| \geq 1$ 成立的概率为_____。

分析：本题可以借助于数轴来解决。

$|x+1|$ 可以看作是数轴上的点到 −1 的距离，$|x-2|$ 可以看作是数轴上的点到 2 的距离，∴ 也就是求使距离 ≥ 1 的 x 的范围。

再如：当 $x \in (1, 2)$ 时，不等式 $(x-1)^2 < \log_a x$ 恒成立，求 a 的取值范围。

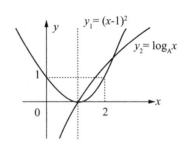

分析：若将不等号两边分别设成两个函数，则左边为二次函数，图像是抛物线，右边为常见的对数函数的图像，故可以通过图像求解。

解：设 $y_1 = (x-1)^2$，$y_2 = \log_a x$，则 y_1 的图像为右图所示的抛物线，要使对一切 $x \in (1, 2)$，$y_1 < y_2$ 恒成立，显然 $a > 1$，并且必须也只需当 $x = 2$ 时 y_2 的函数值大于等于 y_1 的函数值。故 $\log_a 2 > 1$，$a > 1$，∴ $1 < a \leq 2$。

3. 分类讨论法

分类讨论思想就是根据所研究对象的性质差异，分各种不同的情况予以分析解决。分类讨论题覆盖知识点较多，考查学生的知识面、分类思想和技巧；同时方式多样，具有较高的逻辑性及很强的综合性，树立分类讨论思想，应注重理解和掌握分类的原则、方法与技巧、做到"确定对象的全体，明确分类的标准，分层别类不重复、不遗漏的分析讨论"。常见的分类情形有：（1）字母的取值范围；（2）图形的位置特征；（3）角的取值范围；（4）直线斜率是否存在；（5）二次函数对称轴和区间的关系。

如还是以上题为例，求解 $|x+1|-|x-2| \geq 1$

分析：∵ 去绝对值需要讨论 x 与 −1 和 2 的大小。

解：设 $f(x) = |x+1|-|x-2| = \begin{cases} -3 & (x \leq -1) \\ 2x-1 & (-1 < x < 2), \\ 3 & (x \geq 2) \end{cases}$ 分段解不等式 $f(x) \geq 1$

分类讨论思想方法可以渗透高中数学的各个章节，它依据一定的标准，对问题分类、求解，要特别注意分类必须满足互斥、无漏、最简的原则。

4.待定系数法

待定系数法是一种基本的数学方法，也是解决数学问题最常用的数学方法之一。一般地，在求一个函数时，如果知道这个函数的一般形式，可以先把所求函数写为一般形式，其中系数待定，然后再根据题设条件求出这些待定系数。这种通过求待定系数来确定变量之间关系式的方法叫作待定系数法。

待定系数法解题的关键是依据已知条件，正确列出含有未定系数的等式。运用待定系数法，就是把具有某种确定形式的数学问题，通过引入一些待定的系数，转化为方程组来解决，要判断一个问题是否用待定系数法求解，只要看所求解的数学问题是否具有某种确定的数学表达式，如果具有，就可以用待定系数法求解。例如，分解因式、拆分分式、数列求和、求函数式、求复数、解析几何中求曲线方程等，这些问题都具有确定的数学表达式，所以都可以用待定系数法求解。

用待定系数法求取值范围问题：例如，已知二次函数 $f(x) = ax^2 + bx$，且满足 $1 \leqslant f(-1) \leqslant 2$，$2 \leqslant f(1) \leqslant 4$，求 $f(-2)$ 的取值范围。

分析：如果直接把 -1 和 1 代入二次函数的解析式，求出 a 和 b 的取值，再通过 a 和 b 的范围求出 $f(-2)$，这样不仅在求解的操作上增加了难度，而且有可能扩大解集，所以这个时候用待定系数法，用 $f(-1)$、$f(1)$ 表示 $f(-2)$，建立三者之间的关系，这样解题比较快捷，范围也比较准确。

解：设 $f(-2) = c\,f(-1) + d\,f(1)$，则有

$4a - 2b = c\,(a - b) + d\,(a + b) = (c + d)\,a + (d - c)\,b$，

比较等式两边 a 和 b 之前的系数，可列出方程组

$$\begin{cases} c + d = 4 \\ d - c = -2 \end{cases},$$

解方程组，得

$$\begin{cases} c = 3 \\ d = 1 \end{cases},$$

即 $f(-2) = 3f(-1) + f(1)$，

又有 $1 \leqslant f(-1) \leqslant 2$，$2 \leqslant f(1) \leqslant 4$，

则 $5 \leqslant f(-2) \leqslant 10$。

评析：用待定系数法可以整体使用条件，避免出现错误。

用待定系数求向量表达式：若向量 $\overrightarrow{a}, \overrightarrow{b}$，是不共线的两向量，且 $\overrightarrow{AB} = \lambda_1 \overrightarrow{a} + \overrightarrow{b}$，$\overrightarrow{AC} = \overrightarrow{a} + \lambda_2 \overrightarrow{b} (\lambda_1, \lambda_2 \in R)$，则 A，B，C 三点共线的条件是（　　）

A. $\lambda_1 = \lambda_2 = -1$　　　B. $\lambda_1 = \lambda_2 = 1$　C. $\lambda_1 \lambda_2 = -1$　　　　D. $\lambda_1 \lambda_2 = 1$

分析：用待定系数法解决这种向量问题，可以先根据向量的关系，设出待定的未知数，列出相应的方程组，解方程组，求待定的未知数，然后就可求的题目所要求解的答案。

解：求 A，B，C 三点共线的条件即为求向量 $\overrightarrow{AB}$ 和向量 $\overrightarrow{AC}$ 的条件，则根据向量共线的条件可知，存在 μ（$\mu \in R$），使 $\overrightarrow{AB} = \mu \overrightarrow{AC}$，即 $\lambda_1 \overrightarrow{a} + \overrightarrow{b} = \mu(\overrightarrow{a} + \lambda_2 \overrightarrow{b})$。

由向量 $\overrightarrow{a}$ 和 $\overrightarrow{b}$ 不共线，则根据 $\overrightarrow{a}, \overrightarrow{b}$ 前的系数相等可列出方程组

$$\begin{cases} \lambda_1 = \mu \\ 1 = \mu \lambda_2 \end{cases},$$

则可解得 $\mu = \lambda_1 = \dfrac{1}{\lambda_2}$，故可得到 $\lambda_1 \lambda_2 = 1$，即选答案 D。

评析：这类题型总的来说是根据向量的相等来建立等式的，从而得出待定的系数，解出所求的答案。

5. 换元法

解数学题时，把某个式子看成一个整体，用一个变量去代替它，从而使问题得到简化，这叫换元法。换元的实质是转化，关键是构造。它可以化高次为低次、化无理式为有理式、化超越式为代数式，在研究方程、不等式、函数、数列、三角等问题中有广泛的应用。换元的方法有：局部换元、三角换元、均值换元等。换元时要尽可能把分散的条件联系起来，把隐含的条件显露出来。

如求函数 $y = \sin x + \cos x - 2\sin x \cos x + 1$，$x \in [0, \dfrac{\pi}{2}]$ 的值域。

解：设 $t = \sin x + \cos x = \sqrt{2}\sin(x + \frac{\pi}{4})$，$x \in [0, \frac{\pi}{2}]$，则 $t \in [1, 2]$，

则 $2\sin x \cos x = t^2 - 1$，$\therefore y = -t^2 + t + 2, t \in [1, \sqrt{2}]$。通过换元的过程，此问题就转化为二次函数值域问题了。

—素养：

数学是理性的世界，感性的音乐。数学是锻炼思维的体操。它庞大的体系，严密的推理，精确的计算，灵活的思维方法，深刻的数学思想，以及数学史丰富的内容，数学家艰辛的探索与崇尚科学的精神，数学游戏的变幻无穷，用概率统计做决断、指导行动，平面几何与立体几何是训练学生严格逻辑思维的最好方法之一，这种训练比上一门形式逻辑课更为有意义，而这种学习对我们终身有用。钻研空间与图形知识，有利于培养我们学习数学的兴趣和信心，有利于我们养成良好的学习习惯和思维习惯，有利于学生形成辩证唯物主义的世界观。在应用数学知识去解决一些实际问题的过程中，教与学互动，学与用互补，情与理并重，知与能并进，真与实并存，这是数学教育的返璞归真。比如，著名的"古印度分牛问题"，既是一道很好的数学应用题，又隐藏着丰富的社会和人文奥秘，特别有利于提升我们的数学人文素养。

"351"英语学习方法指导

一、你了解英语学科么？

语言是人类最重要的思维和交流工具，也是人们参与社会活动的重要条件。语言对促进人的全面发展具有重要意义。当今社会生活和经济日益全球化，外国语已经成为世界各国公民必备的基本素养之一。因此，学习和掌握外语，尤其是英语，具有重要意义，而高中英语课程是普通高中的一门主要课程。高中学生学习外语，一方面可以促进心智、情感、态度与价值观的发展以及综合人文素养的提高；另一方面，掌握一门国际通用语种可以为学习国外先进的文化、科学、技术和进行国际交往创造条件。所以，针对高中英语的课程的学习，我们应该明确课程的具体结构。

表 2-19　课程具体结构表

级别	必修课程 （10 学分）		选修课程				
			系列一 顺序选修课程		系列二 任意选修课程		
	模块名称	学分	模块名称	学分	语言知识与技能	语言应用类	欣赏类
九级			英语 11	2			
			英语 10	2			
			英语 9	2			
八级			英语 8	2			
			英语 7	2			
			英语 6	2			
七级	英语 5	2					
	英语 4	2					
	英语 3	2					
六级	英语 2	2					
	英语 1	2					
义务教育阶段——五级							

　　高中英语课程共有四个级别：六至九级，各个级别的要求均以语言技能、语言知识、情感态度、学习策略和文化意识等五方面为基础，其中，语言技能（听、说、读和写）和语言知识（语音、词汇、语法、功能和话题）是综合语言运用能力的基础。情感态度是影响学习和发展的重要因素。学习策略是提高学习效率、发展自主学习能力的先决条件。文化意识则是得体运用语言的保障。

二、为什么要学习英语？

　　针对问卷调查中的这一问题，学生们的目标非常的明确：为了高考。那

么，我们学习英语真的就仅仅是为了高考么？当今社会发展和经济建设对公民的外语素质提出了更高的要求。高中阶段的外语教育是培养公民外语素质的重要过程，既满足高中毕业生的升学和未来生存发展的需要，同时满足国家对人才培养的需求。因此，高中阶段的外语学习具有多重的人文和社会意义。

1. 学习英语的必要性是顺应社会经济发展的需要

在经济全球化的潮流中，世界各民族之间的交流日益频繁，不同文化之间的交融不断深化，在这一背景下，作为某种文化的符号的语言就显得尤其重要，只有了解一个国家的语言，才有可能了解一个国家的文化，才能为相互之间的交流提供对话的平台。

2. 学习英语的必要性源自现实的需要

掌握一门语言（英语）就意味着你获得了一把金钥匙或者说一块敲门砖。如果你将来是一位学者，你可以直接阅读外文资料，从中获取养分；如果你将来是一个商人，你可以在第一时间了解外界信息，从中捕捉商机；当你作为一个求职者，掌握了一门外语，无疑增加了胜算的筹码；即便你是一个小商贩，能用外语同外宾进行交流，能为你带来额外的利润，等等。从经济学角度分析，掌握了英语这门语言就等于拥有了一笔可观的资源，这一资源能为你带来机遇、增加财富，因为这一资源有着巨大的市场需求。

三、如何学好英语？

问卷调查中，学生的大部分问题和困惑都离不开语言知识的学习和语言技能的培养。众所周知，在学习英语过程中重读写、轻听说的弊端由来已久，"哑巴英语"的称号，我们并不陌生。那么，如何学好英语？

三个习惯激发学习英语的潜能：

1. 听的习惯

据国外学者统计：在交际中，人们有 45% 的时间用于听，30% 的时间用于说，16% 的时间用于读，只有 9% 的时间用于写。从咿呀学语的婴儿身上我们也可以认识到，人先是从听开始学习语言的，先听再模仿。可见，学习语言"听"是关键。"听"是获取信息和理解口头信息的关键。在新《高中英语课程标准》中，针对高中英语学习的等级，即六至九级中都依次对"听"的语言技能提出更高的要求。

表2-20　英语六至九级语言技能要求表

级别	目标描述
六级	1.能抓住所听语段中的关键词，理解话语之间的逻辑关系 2.能听懂日常的要求和指令，并能根据指令进行操作 3.能听懂故事或记叙文，理解其中主要人物和事件以及他们之间的关系 4.能从听力材料、简单演讲或讨论中提取信息和观点
七级	1.能识别语段中的重要信息并进行简单的推断 2.能听懂操作性指令，并能根据要求和指令完成任务 3.能听懂正常语速听力材料中对人和物的描写、情节发展及结果 4.能听懂有关熟悉话题的谈话并能抓住要点 5.能听懂熟悉话题的内容，识别不同语气所表达的不同态度 6.能听懂一般场合的信息广播，例如：天气预报
八级	1.能识别不同语气所表达的不同情感 2.能听懂有关熟悉话题的讨论和谈话并记住要点 3.能抓住一般语段中的观点 4.能基本听懂广播或电视英语新闻的主题或大意 5.能听懂委婉的建议或劝告等
九级	1.能听懂有关熟悉话题的演讲、讨论、辩论和报告 2.能听懂国内外一般的英语新闻广播 3.能抓住较长发言的内容要点，理解讲话人的观点及意图 4.能从言谈中判断对方的态度、喜恶、立场及隐含意思等 5.能理解一般的幽默 6.能在听的过程中克服一般性的口音干扰

根据以上描述，"听"的能力是一个循序渐进的过程，想要达到九级目标，那就必须从六级开始，所以，抛开"高考英语听力到底考不考？"的疑虑和纠结，语言的学习离不开听力习惯和能力的培养。我们一出生就生活在汉语环境中，汉语对英语学习的干扰较大。因此，尽可能多地听英语材料、英文广播或英文歌曲等，就相当于找到了一个真实的英语语言环境。

2. 说的习惯

英语是一门实践性很强地语言学科，不说，不表达，语言能力是难以提高的，"说"是在听和读之后渐渐养成的习惯。语言的学习需融入生活，所

以对我们所接触的听和读所获得的信息进行简单的模仿无疑是最简单、最有效的方法。英语不是我们的母语，所以在练习张口的过程中有一些磕磕绊绊是很正常的，所以要大胆张口，不惧怕犯错，这样才能提高英语的口语表达能力。

培养"说"的习惯主要以复述的能力和对话的能力为主。口头复述的能力主要在课文教学中，复述是记忆和巩固课文的有效手段，是培养口语表达能力的重要途径，它是联系阅读和口语的重要契机。复述不是一字不差地背诵，而是用自己的语言，独立的、连贯的叙述。另外，简述和填充式叙述也不失为一种好办法，复述是要运用所学词汇和句型，以扩展和概括课文为主要形式。

对话是两个人在特定的语言情境中交流思想的一种语言活动方式。在我们的教材中，有大量这样的对话，如看病、打电话和访问等。尽管学生会背诵不少对话，但是在实际运用中，应做到：（1）在熟读课文的基础上要敢于展示，扮演角色朗读或者表演，同时注意语音、语调、语速及表情自然。（2）要记住关键词，然后用多种方法表达，学习语言要在模仿的基础上活学活用。

3. 积累的习惯

英语的学习重在积累。调差问卷显示，有良好的记笔记的习惯，并经常翻看，把其看作是一个学习工具的同学大约占 25%。基础仅仅是一个开始，日积月累的细节才会决定你能走多远。偶然习得的知识一定要体现在整理本上，整理的同时才有思考，思考的同时才会有新知识的生成，才能为提高英语学习奠定基石。积累的过程，是一个从中寻找规律、归纳和总结的过程，也是一个知识罗列、加强记忆的过程。一个本子可以弥补并克服遗忘规律，所以养成良好的记笔记，并时常翻看的习惯是语言学习的关键。那么如何积累，又积累些什么？积累可以是单选题的题干和用法，也可以是阅读中的好句子和词汇。

例题 1：

I thought birthdays were special days not only for the children but also for the mums, who give their lives, and that we should take this opportunity to thank them a lot.

翻译：我认为生日不仅对于孩子们来说是重要的日子，对给他们生命的妈妈们来说也是如此，所以我们应该利用这个机会感谢她们。

像这样的好句子在阅读中一旦遇到，建议把它积累下来。表达我们想说但又表达不准确的句子，阅读是途径之一；同时，又能激发学生对母亲的感恩。

例题2：

Linda Watking is a professor caring about（关心，担心）the safety of kids worldwide. She says she understands why young people do that. "Kids these days have too much school work and they want to make full use of（充分利用）their free time." If you are a distracted walker and you meet a distracted driver, that will be a great chance（可能）for a traffic accident.

在上面的语篇节选中，有我们学过、或者是老师平日补充的重点短语，你在阅读的时候是否有留意这些可以积累的语言，甚至是通过语境来巩固词汇，并把它们记在积累本上，加深记忆。

五个方法直击英语学习的困惑

1. 背单词见缝插针

通过调查问卷，同学们最困惑的就是背单词，抱怨说单词多、背了就忘。然而遗忘是记忆的一个必经过程（见图2-18，本书第94页），那么，如何克服遗忘？

通过分析，显而易见，复习的最佳时间是记材料后的 1 ~ 24 小时，最晚不超过 2 天，在这个区段内稍加复习即可恢复记忆。而同学们困惑就在于大量的时间用来背单词，结果回过头来再看的时候，发现已经忘得差不多了，所以见缝插针，选择零散的时间来背单词是最好的方法。

零散时间也是记忆的黄金时段——睡前醒后。

睡觉前和醒来后是两个绝佳的记忆黄金时段。睡前的这段时间内可主要用来复习白天或以前学过的内容，对于 24 小时以内接触过的信息，根据艾宾浩斯遗忘规律可知能保持 34% 的记忆，这时稍加复习便可恢复记忆，更由于不受后摄抑制的影响，识记材料易储存，会由短时记忆转入长期记忆。另外根据研究，睡眠过程中记忆并未停止，大脑会对刚接受的信息进行归纳、整理、编码、储存，所以睡前的这段时间真的是很宝贵。

早晨起床后，记忆新内容或再复习一遍昨晚复习过的内容，则整个上午都会记忆犹新。所以说睡前醒后这段时间千万不要浪费，如能对这些时间缝隙加以充分利用，可事半功倍。

2. 读文章利用语境

很多同学认为每次考试阅读是丢分的主要题目，当然阅读理解在考试中的所占分值比例也是最大的，所以阅读理解能力不容忽视。理解文本的能力与词汇量有着直接的关系，同时，阅读的过程也为词汇的复习和巩固，以及词汇量的扩大提供了一个载体，可以说阅读与词汇相辅相成，不可分割。那么如何提高阅读理解的能力？阅读能力的提升不在于做了多少题，重在理解文本材料，学会利用上下文，并在阅读中复习近期学习的新词汇和一些语法、句式。要有语言知识的渗透意识，这种意识的培养是一个长期的、坚持不懈的过程。每天做一篇阅读，体会作者的写作意图，试着理解文本、利用文本达到语言学习的目的。

阅读例题 1：（2013 年高考山东卷 C 篇）

While there are no plans to take lampbrella into production, Belyacv says he recently introduced his creation one Moscow Department, and insists this creation could be installed on my street where a lot of people walk but there are no canopies to provide shelter.

70. What can be inferred from the last paragraph?

A. The designer will open a company to promote his product

B. The lampbrella could be put into immediate production

C. The designer is confident that his creation is practical

D. The lampbrella would be put on show in Moscow

这一题是典型的细节题，四个选项的同义和异义改写都源于上面的语段。虽然只有一句话，但句子很长、涵盖的信息量很大，所以对这个句子的分析和理解是本道题的关键。

本道题可以通过排除法，首先语段中没有提及要开公司或要展出，所以排除 A 和 D；而第一句话的 while there are no plans to take lampbrella into production，排除 B；而 where 引导的定语从句恰恰是 C 选项的依据。

所以，在阅读中，对长难句子的分析是获取正确信息的关键。

阅读例题 2：

Sparrow is a fast-food chain with 200 restaurants. Some years ago, the group to which Sparrow belonged was taken over by another company. Although Sparrow showed no sign of declining, the chain was generally in an unhealthy state. With more and more fast-food concepts reaching the market, the Sparrow menu had to struggle for attention. And to make matters worse, its new owner had no plans to give it the funds it required.

71. Which was one of the problems Sparrow faced before Pearson became CEO?

A. The number of its customers was declining

B. Its customers found the food unhealthy

C. It was in need of financial support

D. Most of its restaurants were closed

根据问题题干 one of the problems，我们知道 Sparrow 公司所面临的问题不止一个。根据 Although Sparrow showed no sign of declining, the chain was generally in an unhealthy state. 表明，没有顾客减少的迹象，unhealthy 是表明经营不善，而非食品安全问题，所以排除 A，B；文章没有谈及公司要倒闭，所以排除 D；C 选项的依据为：And to make matters worse, its new owner had no plans to give it the funds it required. 针对这个句子，理解句义是关键：使事情更糟糕的是，其新老板不打算给公司投入其所需要的资金。所以，证明此公司需要经济上的支持。画线部分是一个省略了引导词的定语从句。

从上面的例题可以看出，想要提高阅读题的正确率，要善于挖掘细节、学会分析长难句、联系平日所学等，那么这些经验又来源于哪里？多读文章，坚持用出题人的思路去理解语篇和题干，培养自己利用上下文的能力。

3. 听、读材料培养语感

通观高考英语学科状元的英语学习方法，很多学生都提到"语感"这个字眼。那么英语语感到底怎么培养？听和读是形成语感的基础，因为这两项技能都涉及语音、语调，并且调动了两大感官。

（1）"听"要听习惯表达，感受情境。学习英语语言的文化，最基本的

就是要融入真实的语言环境，听到的内容也是最直接的模仿对象。如下面的一段对话节选：

Van：What's the matter, Billy? You look fed up.

Bil：I'm bored. I want to go out, but it's raining.

Van：How about going to see a film? We haven't been to the cinema for ages.

Bil：What's on at the Mall? Anything worth seeing?

Van：Yes, there are some good films on this evening. I bought the film guide this afternoon, it's somewhere in my bag, hold on a minute……

节选中的一小段已经体现了英语语言的表达习惯，而我们经常会用 You look tired.……for a long time, Is there anything worth seeing? hold on a minute 等。我们要尽可能地向英语语言文化靠拢，才能把握语言的真实情境。

(2)"读"要读句式，体会语言运用。"读"，是一个发声练习，更是一种记忆手段。在读的过程中，一定得用心体会这个语篇用了什么句式或结构，体会英语语言表达的简洁，体会英语语言的应用。如：

You may rely on it that he'll overcome all the difficulties.

I won't go to the party unless invited.

What is required in the regulations is that students shouldn't use cellphones in the school.

4. 记句型创造得体美文

调查问卷显示，大部分同学认为写作是一块很难啃的骨头。对于英语写作，语言的得体性才是最关键的。然而高中阶段的写作仍旧以高级词汇和句型的应用作为划分作文档次的标准，所以把我们日常学习的重点句型熟记于心，并学会合理地、恰当地使用它们，你就能把握写作的技巧了，无非就是"学以致用"。例如：

This is the first time I've visited your hometown.

The city located just south of China is regarded as the most beautiful place.

There is no doubt that ……

It is generally agreed that……

From the parents' point of view, ……

It is absolutely necessary to ……

5. 学语法借助理科思维

有的同学对语法不感兴趣是因为畏惧和抗拒，认为语法就是枯燥、乏味的，怎么也学不会，学不懂，但事实上，英语语法的解题思路就好比理科习题，是有道理、有章可循的，只要融入其中，并结合选项，善于联系和解析题干，并从多个角度找突破，语法就不会成为学习英语的障碍了。更要善于整理错题和典型例句，将每一道错题和例句的核心用法进行整理和归纳，发现问题，敢于发问，才能有针对性地解决自己的困难。

语法例题 1：

The dinosaurs _____ evolving and been unable to adapt to changes in the climate.

A.might stop   B. needn't have stopped

C. may have been stopped   D. couldn't stop

本道题的解题可以有两种思路，思路一：从题干入手，语义上应该为恐龙可能停止进化，所以锁定 A、C 两个选项，再根据题干中 and 后面并列了一个 been，所以一定是：情态动词 +have done，所以正确选项为 C。思路二：从选项分析，结合四个选项本道题考查的是情态动词的推测性用法，即要么是对现在情况的推测，要么是对过去情况的推测，结合语义恐龙停止进化一定是对过去的推测，所以锁定选项 B、C，再根据语义 B 为：本没有必要，所以正确选项为 C。

语法例题 2：

—Sue, could you please help me wash the clothes? I am too tired.

—OK, but I want to know why it's me again. I'm busy doing my homework, _____ my brother is sitting there watching TV.

A. while   B. though   C. and   D. when

英语语法中，让同学们困惑的问题之一就是各种从句，而状语从句是相对简单的从句，无非是对句义的分析和连词的掌握。结合题干我们知道连词前后句之间的关系是转折，所以排除 C、D 两个选项，然后看题干，两个句子存在明显的对比关系，所以正确选项为 while。

一个基本素养升华英语学习理念

通过高中英语课程的学习我们会不断提升自己的综合运用语言的能力，

153

进一步培养自己与人交流的能力。通过对西方文化的学习，可以开阔我们的视野，用规范化的行为礼仪来优化自己，使自己逐渐具备另外一种语言所承载的文化系统，从而达到有效地进行跨文化的目的。

"351" 物理学习方法指导

一、你了解物理吗？

什么是物理学？一位物理学家十分幽默地说："请拿起这本书并撒手，这就是物理学！他研究下落和自然界的一切其他普遍特征。"远到宇宙深处，近到咫尺之间，大到广袤苍穹，小到分子原子，都是物理学的研究范畴。用较为严谨的语言来说，物理学是一门基础自然科学，它研究的是物质的基本结构、最普遍的相互作用、最一般的运动规律以及所使用的实验手段和思维方法。

经过三百多年的发展，物理学不仅作为一门独立的科学，有完善的科学体系，而且物理学的基本理论、基本的实验方法和精密测试技术，已经越来越广泛地应用于其他学科，极大地推动了科学技术的创新和革命，促进了社会的发展和人类文明的进步。

从四大发明的司南到现代文明的磁悬浮列车，从微观粒子的运动到宇宙天体的运行，从日常生活中的 CD、MP3 到生产科研中的核电站、智能机器人，无一不是物理学，物理学就在我们身边，渗透在我们学习、生活中的每一处。

二、为什么要学习物理？

庄子云："天地有大美而不言，四时有明法而不议，万物有成理而不说。"质朴混沌的大自然本身是最为完善的，具有至高无上的美，我们要做的便是

"判天地之美，析万物之理"。我们要揭开大自然神秘的面纱，探究事物的本真，并将其应用于我们的生产生活，造福于人类。物理学改善生命质量，助推医学进步；物理学创造光明，激光就是人类的杰作；物理学改变生活，从电话的发明到互联网的出现，社会政治生态全变了。社会的每一次巨大的进步都是在物理学发展的基础上完成的。没有物理学的发展就没有人类社会和文明的巨大进步。

也许你会觉得你不学习物理也可以为社会的进步做出贡献，那我会告诉你，我最喜欢的诺贝尔奖获得者 Feynman 的一段话："我教学的主要目的不是为你的考试做准备，甚至也不是为你们将来服务于工业或者军事做准备。我希望达到的，是让你们欣赏这个奇妙的世界并领会物理学家看待它的方式，我相信这些乃是现代的真正文化的主要部分。"

千言万语抵不过庄子的一句话——判天地之美，析万物之理。我们所见固然美丽，我们所知愈加神奇，而我们所未知未见的更是美不胜收，妙不可言！让我们一起向着神秘、美妙的物理世界出发吧！

三、如何学习物理?

要想探索美妙的未知，我们必须要有坚实的物理基础。怎样才能在物理的学习中做到游刃有余？我们必须养成三个习惯、学习五种方法、形成一个素养。

（一）三个习惯

1. 物理来源于生活，你要养成善于观察的习惯

生活中处处有物理，跑步转弯的时候人的身体会本能地倾斜，升国旗的旗杆顶部会有一个定滑轮，用透明玻璃水杯喝水的时候，从不同角度观察水杯，杯底深浅不同；杯中的茶叶大小不同，杯上的花大小不同……这些都是我们身边的物理现象，我们要善于观察生活，培养自己学习物理的兴趣，激发自己内心的探究欲。

物理学家们也有观察的习惯，你大概猜到了，对，就是善于观察的意大利物理学家伽利略。有一次，伽利略信步来到他熟悉的比萨大教堂，他坐在一张长凳上，目光凝视着那雕刻精美的祭坛和拱形的廊柱，蓦地，教堂大厅

中央的巨灯晃动起来，是修理房屋的工人在那里安装吊灯。

这本来是件很平常的事，吊灯像钟摆一样晃动，在空中划出看不见的圆弧。可是，伽利略却像触了电一样，目不转睛地跟踪着摆动的吊灯，同时，他用右手按着左腕的脉，计算着吊灯摆动一次脉搏跳动的次数，以此计算吊灯摆动的时间。

这样计算的结果，伽利略发现了一个秘密，这就是吊灯摆一次的时间，不管圆弧大小，总是一样的。一开始，吊灯摆得很厉害，渐渐地，它慢了下来，可是，每摆动一次，脉搏跳动的次数是一样的，后来反复观察，反复研究，发现了摆的等时性。

法拉第曾经说过："没有观察，就没有科学，科学发现诞生于仔细的观察之中。"对于我们中学生，尤其要重视对现象的观察，养成观察的习惯。因为只有通过对现象的观察，才能对所学的物理知识有生动、形象的感性认识；只有通过仔细、认真的观察，才能对使我们对所学知识的理解不断深化。

知识来源于实践，特别是来源于观察和实验。要认真观察物理现象，分析物理现象产生的条件和原因。生活处处有物理，留心观察成学问。

2."观"而不思则罔，你要养成勤于思考的习惯

通过观察，我们发现生活中的物理现象，同时我们还要多问几个为什么。为什么转弯路面是倾斜的？河流上的桥梁为什么多数是拱形的？马路上的汽车，为什么挡风玻璃呈斜面？为什么夜间行车时车内不开灯？为什么载重汽车的车轮粗大而且数量多？为什么轮胎制有花纹？为什么从不同角度观察水杯，杯底深浅不同；杯中的茶叶大小不同，杯上的花大小也不同？……我们不仅要善于观察生活，还要多问几个为什么，养成勤于思考的习惯。

当伽利略发现吊灯每摆动一次，脉搏跳动的次数是一样的时，勤于思考的他就开始琢磨起来，他想，书本上明明写着这样的结论，摆经过一个短弧要比经过长弧快些，这是古希腊哲学家亚里士多德的说法，谁也没有怀疑过。难道是自己的眼睛出了毛病，还是怎么回事。正由于有了这样的质疑，然后才有了以后的成就。

在我们学习物理的过程中，不可避免地会产生疑难问题和解题错误。对于疑难问题，我们要积极思考，也可以请教同学和老师，借助团队的力量，大家一起思考共同发现；而对错题则应该注意分析错误原因，分清究竟是概

念混淆致错还是计算失误致错，是公式记忆致错还是题意理解不清致错等，这个思考的过程比做练习时的思考更高效、更有价值。

在解决疑难问题的时候，我们可以借助团队的力量，可是在完成练习题的时候我们则应该养成独立思考的习惯。老师们安排课后作业的目的有两个：一是巩固课堂所学的内容；二是运用课上所学来解决一些具体的实际问题。只有在独立思考的前提下，我们才可以做到巩固课堂所学内容；只有独立思考，我们才知道自己是否能够运用课堂所学知识解决实际问题。更重要的一点是，当我们在接受考试的时候，没有条件共同思考，平常我们养成独立思考的习惯，在考试的时候就不会有依赖感。

通过思考，我们更加热爱物理；通过思考，我们逐步学会了发现问题、提出问题。

3. 物理服务于生活，你要养成乐于动手的习惯

通过观察、思考，我们发现问题、提出问题，最终解决问题，这就要求我们具有动手能力。伽利略的故事并没有结束。当他对亚里士多德的说法产生怀疑后，并没有就此止步，他像发了狂似的跑回大学宿舍，关起门来重复做这个试验。他找了不同长度的绳子、铁链，还有不知从哪里搞到的铁球、木球。在房顶上，在窗外的树枝上，着迷地一次又一次重复，用沙漏记下摆动的时间。最后，伽利略不得不大胆地得出这样的结论：亚里士多德的结论是错误的，决定摆动周期的，是绳子的长度和它末端的物体重量没有关系。而且，相同长度的摆绳，振动的周期是一样的。这，就是伽利略发现的摆的运动规律。

你也可以像伽利略一样，充分利用身边的器材做科学实验。你可能会说，我的动手能力很差，没关系，物理学是一门以实践为基础的课程，通过观察、实际动手操作得出结论。

我们可以充分利用物理课程的学科资源优势，培养自己的动手能力。实验课上，要认真做好学生实验，在教师的指导下主动参与实验过程，学会使用仪器和处理数据，了解用实验研究问题的基本方法，并获取知识和结论。课后练习中的小实验、小制作是一种特殊的、直观的实践，在你动手完成各种小实验、小制作的过程中，思维异常活跃，学习欲望高涨，参与意识增强，会迫切地希望进一步探索问题。这些小实验往往具有取材容易、贴近

生活、直观明了、便于操作的特点，不仅可以加深你对所学知识的理解，而且能极大地提高学习物理的兴趣，锻炼动手制作能力和独立操作能力，发展智力。

不仅仅如此，甚至在你考试的过程中，也要养成勤于动手的习惯。有的题目的情境在生活中不常见，只凭阅读和想象无法理解题目所展现的情境，这时候，我们可以利用身边的物品帮助我们理解，像例题1。

例题1：质量为 M 的长木板放在光滑的水平面上，一个质量为 m 的滑块以某一速度沿木板表面从 A 点滑至 B 点在木板上前进了 L，而木板前进了 S，如图所示。若滑块与木板间的摩擦因数为 μ，求摩擦力对滑块、对木板做功各为多少？

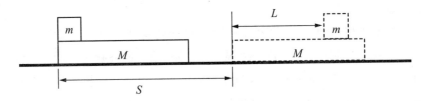

物体之间摩擦力的方向是怎样的？我们不妨借助橡皮擦和课本来帮助我们理解。用橡皮擦代表滑块，课本代表木板，比画一下试试，滑块相对于木板是不是在向前运动，好了！摩擦力的方向总是与相对运动方向相反，那就是沿接触面向后了。

有些题目呢，情境相对简单，可是所蕴含的物理规律却很难发现，这时候，我们也可以动动手去发现，像例题2。

例题2：如图所示，在三角架上的 B 点用一个细线挂一个重为 G 的物体，$\angle ABC = \theta$，求横梁 BC 和斜梁 AB 所受作用力的大小。

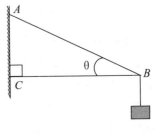

对于刚学受力分析的初学者来说，力的作用效果是不是很难判断呢？没关系，拿起你身边的两支笔分别扮演横梁 BC 和斜梁 AB 的角色，以左手扮演墙壁的角色，将 AB 插入食指和中指之间，BC 抵在掌心，右手对结点 B 施加竖直向下的作用力等效代替绳子对 B 点竖直向下的压力，动手试试看，是不是感觉到了沿着 AB 有被抽出的效果，而沿着 BC 有挤压掌心的效果。

其实，只要你注意观察就会发现，在物理课堂上，老师们也经常随手取物，用来演示各种物理情景来帮助你理解。勤于动手，不仅可以提升你的科学素养，也会提高你的物理成绩，动手试试吧！

（二）五种方法

1. 借助作图明题意

人类最初的文字便是刻画文，说白了，就是图画。图画的表达形象、直观、易于理解。在我们的物理学习中，要善于利用图画，作图可以帮助我们理解题意，作图可以帮助我们找到更简单的解决问题的方法，作图可以帮助我们发现物理规律，理清思路。

例题 3：甲乙两车同向沿同一直线运动，甲车在前，速度为 v_1=8m/s；乙车在后，速度为 v_2=16m/s。当两车相距 16m 时，乙车驾驶员为避免相撞而紧急刹车，求乙车刹车的加速度大小至少是多少？

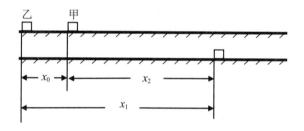

这是一个追击类的问题，位移关系是这类题目的解题关键之一，怎么才能将题目中的物理情境清晰、直观地展现在我们的脑海中呢？毫无疑问，情境图可以帮助你怎么样，位移关系一目了然吧？再看下面的例题 4。

例题 4：汽车由静止开始做匀加速直线运动，速度达到 v 时立即做匀减速直线运动，最后停止，运动的全部时间为 t，则汽车通过的全部位移为（　）

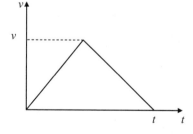

A. $vt/3$　　B. $vt/2$

C. $2vt/3$　　D. $vt/4$

我们借助另外一种图画——数学图像来尝试解决这一问题，先画出全过程的 v-t 图像如图所示。

汽车通过的位移的大小对应着 v-t 图像下面的面积，所以位移 x =1/2 ×

底 × 高 = $vt/2$，答案选 B。是不是借助图像来解决这个问题更简单呢？

还有一种大家非常熟悉的图，贯穿你物理学习的始终，那就是受力分析图。无论是在力学中分析物体的运动情况，还是在电磁学中分析带电粒子的运动轨迹，都离不开受力分析，这个太重要了，大家都很熟悉，老师就不举例子了。

随着物理学习的不断深入，你会发现物理学习离不开图形，除了上述的三种图形外还有诸如光路图、力臂图以及电路图等，从运用力学知识的机械设计到运用电磁学知识的复杂电路设计，都是主要依靠"图形语言"来表述。我们要学会借图表达、借图理解。

2. 归类学习清思路

将我们所学的知识归类，可以起到事半功倍的效果。

首先，我们可以对基本概念和规律进行分类。如从牛顿定律来看，可以把动力学问题分为：已知力求运动和已知运动求力两种基本类型。进而又可细分为：在恒力作用下的运动；在万有引力作用下的天体运动；在弹性恢复力作用下的简谐运动等。

其次，还可对一些较大的问题进行总结。比如，如何求物理量？这在力、热、电、光、原子各部分中都会遇到。通过对各个章节中求解物理量的习题的总结，可以归纳得出求物理量的习题的总结，可以归纳得出求物理量的两条基本途径：一条是根据定义，另一条是根据与该物理量有关的规律。

例如，求功的方法，$W = FL\cos\theta$（途径一根据定义）

$W = Pt$（途径二根据与该物理量有关的规律）

$W_合 = \Delta E_k$（途径二根据与该物理量有关的规律）

通过对知识进行分类和归纳，使我们对知识的内在联系更加清晰，这就叫夯实基础，然后才会有万丈高楼。

3. 个性纠错提效率

通过归类学习法我们可以更轻松的学习，而通过一定量的习题的求解，我们会发现在理解概念、规律方面的许多问题，也会发现解题方法、技巧方面的许多问题，还会积累不少的解题技巧、经验，这些都要求我们及时地改正和总结。所以，建议同学们准备一个本子，可以是"错题本"，也可以叫作"典题本"，还可以给它起一个更漂亮更个性的名字，比如说"题海拾贝"。

不仅本子的名字是个性的，内容更要是个性的。专门记录收集自己的疑难问题和典型错误，对错误的解析只针对自身错误的特点。在这里，老师可以给你几点建议：

关于做错题本的建议：

（1）按照我们的归类学习法分类别整理错题。用什么样的类别自定，例如，按"章节"或者"知识点"或者"错误原因"，这也可以为我们今后对知识进行复习提供有效的素材。

（2）整理错题本身就是一次复习。用明显的颜色总结，归纳错误原因，以及得出的小结。在这部分中，有一个问题需要再明确一下，就是对做题的格式，对做题的必要的文字说明的严格要求，尤其是较难题、复杂题时，要有非常严密的推证，包括物理量的假设，适量公式的条件，以及过渡的话，等等，应该让每一个看你错题本的人都能明白你的思路和方法。

（3）为节省时间，可以先复印练习题然后剪贴，将答案写在粘贴纸的下面，翻开就可以看到。错误原因，得出的小结以及复习的标记（日期，第 n 次）等。

4.隐含条件助审题

具有一定难度的物理题目，往往含有隐蔽条件，这些隐蔽条件可隐蔽在题目的已知条件中、要求中、物理过程中、物理图像中或定律应用范围中及答案中，如果能及时挖掘这些隐蔽条件，就能够突破解题障碍，提高解题能力。

我们可以从物理概念的内涵中找出隐含条件。物理概念是解题的依据之一，不少题目的部分条件隐含在相关的概念之中，于是可以从分析概念中去挖掘隐含条件，寻求解题方法。例如，若题目的情境是某物体做"匀速圆周运动"，那么隐含条件就是"合力提供向心力"。

我们还可以从物体运动规律的约束找出隐含条件。确定物体的运动状态是解题的依据，而物体的运动状态往往受一些物理规律的约束。因此，我们可以运用物体在运动过程中所要遵循的物理规律来确定物体的运动状态这一隐含条件。例如，在例题5的情境中，"恰能到达圆环最高点 D"这条物理规律所隐含的条件是"在最高点小滑块只受重力，由重力提供向心力"。

例题5：如图所示，倾角 $\theta = 60°$ 的粗糙平直导轨与半径为 R 的光滑圆

环轨道相切，切点为 B，轻弹簧一端固定，自由端在 B 点，整个轨道处在竖直平面内。现将一质量为 m 的小滑块（视为质点）紧靠且压缩弹簧，并从导轨上离水平地面高 $h = R$ 的 A 处无初速下滑进入圆环轨道，恰能到达圆环最高点 D，不计空气阻力。滑块与平直导轨之间的动摩擦因数 $\mu = 0.5$，重力加速度大小为 g。求：

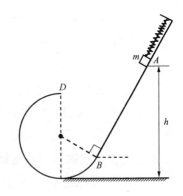

（1）滑块运动到圆环最低点时受到圆环轨道支持力 N 的大小；

（2）滑块在 A 处时弹簧的弹性势能 E_p

我们除了可以从物理概念和规律中找出隐含条件外，也可以从数学关系或者关键词等因素中找到隐含条件。像几何光学中有较多数学关系的应用，像表现为极值条件的用语，如"最大""最小""至少""刚好"等，它们均隐含着某些物理量可取特殊值，扣住关键用语，挖掘隐含条件，能帮助你迅速找到解题思路。

5."物理方法"高境界

我们高中的物理方法有很多，同学们往往忽略了这些"考试用不到的知识"，实际上，恰恰是这些看似"考试用不到的知识"却可以帮你迅速地理解物理，提高成绩。

物理模型就是高中遇到的物理方法之一。所谓物理模型是指"抓住主要因素，忽略次要因素"，将实际中比较复杂的现象简化为简单的物理模型，物理模型抓住了事物最本质的内核。比如，"火车转弯问题""小球在锥形容器中的转动"都属于圆周运动模型，它们遵循同样的规律。

很多复杂的高考题都是由简单的物理模型演变或综合而成的，比如，"动量定理"中的人船模型，类平抛运动模型，圆周运动模型等。所以，平时要多做题训练自己的这些基本知识模型掌握能力，通过做一些题目来加强对这些模型问题的训练，这样在高考中只要明确这是什么模型，你就可以很快找到解决的方法。

我们高中阶段经常见到的物理方法还有理想化模型，如"质点""光滑水平面""理想变压器"等；比值定义法，如"速度""电场强度"等，凡是利用比值定义法定义的物理量都具有共同的特点，即只与其本身有关，而与定义中出现的物理量无关。

同学们在物理学习中，要注意物理方法的学习，它会让你的物理学习进入一个新的境界。

四、一素养

通过高中物理课程的学习，我们学会用科学的眼光来终身欣赏和认识这个世界，学会综合地看待问题、动态地分析问题、用发展的眼光来研究问题。通过高中物理课程的学习，我们培养了理解能力、推理能力、综合分析能力、应用数学处理物理问题的能力、实验能力等。通过高中物理课程的学习，体验科学探究过程，了解科学研究方法；增强创新意识和时间能力，发展探索自然、理解自然的兴趣与热情；认识物理学对科技进步以及文化、经济和社会发展的影响；为终身发展，形成科学世界观和科学价值观打下基础。

我们经历了观察、思考、动手的过程，通过五种方法的运用，感受物理之美，体会人们对美的 追求与创造，逐步体验知识带给自己的快乐，进而爱上科学，不知不觉地提升了自己的科学素养，享受科学，创造生活。

威海一中（58级）

"351" 化学学习方法指导

人类赖以生存的物质世界是极其丰富的。面对五彩缤纷的物质世界，人们从远古时代开始就一直在研究：物质究竟是什么？物质是怎样形成的，又是如何变化的？怎样才能把一些普通的物质转化成更有价值的物质，使它们更好地为人类的生存和发展服务？在漫长的探究过程中，人们对物质世界的

认识越来越深刻，并建立起化学学科。化学现在已发展成为在原子、分子水平上研究物质的组成、结构、性质、制备和应用的重要自然科学。

一、高中化学学科的特点

我们高中阶段所涉及的化学教材《普通高中课程标准实验教科书·化学》是以《普通高中化学课程标准（实验)》为依据编写的，全套教材由必修和选修两部分组成，共计 8 册。

普通高中 化学课程	必修课程		选修课程					
	化学 1	化学 2	化学与 生活	化学与 技术	物质结构 与性质	化学反 应原理	有机化 学基础	实验 化学

高中化学的特点：

1.保证基础性，突出时代性，体现选择性

（1）必修模块教科书精选基础知识强化基本技能，突出重点，既为全体同学的发展提供必需的化学知识储备，又为继续学习选修课程的同学打下必要的基础。

（2）选修模块的内容以同学们个性发展的多样化需求为主，注意到与必修模块的合理衔接，在学科知识与教育理念上保持着内在系统性和水平的一致性，但相互之间又体现出一定的独立性。

2.结构清晰，层次分明

（1）必修《化学 1 》和《化学 2 》是高中化学的基础，内容比较广泛，但知识都很浅显，更加强调和突出基础性，突出基础知识的作用。

（2）选修模块根据内容的区别，采取不同的安排。如《化学与生活》以介绍化学与营养、健康、材料、环保等方面关系的知识为主，不追求化学理论的系统性与完整性，意在使同学们认识化学在实际中的应用。而《物质结构与性质》和《化学反应原理》则是为对化学原理有较高兴趣的同学设计，在陈述方式和内容深度上仍保持高中阶段应有的要求及与基础模块的衔接，但是更注重于学科知识的认知过程和要求，在叙述与推演上更重视事物间的科学内涵与发展的逻辑关系。《有机化学基础》则介于以上两类教科书之间，比较系统地介绍有机化学基础知识，将化学理论与元素化合物知识，以及化学与生活的密切联系相融合。

3. 重视科学探究活动，注重科学方法和能力的培养

为了帮助同学们变被动学习为主动学习，促进学习方式的转变，高中化学教材编入以实验为主的多种探究活动和实践活动，在做科学的过程中，学习科学方法和养成科学态度。

联系生产、生活和社会实际，重视学生已有的生活经验。充分注意与生产、生活和社会实际的联系，适当引入科技新闻、资料、照片等实例。从已有的社会生活经验为基础引入，以激发学习兴趣，增强对科学的亲切感并学习实用性知识。

二、学习化学的作用

学习高中化学是为了提高我们对事物的认知能力，了解生活中的与我们日常生活密切相关的基本常识和现象，使我们用科学的方法分析问题，是形成良好的思维能力的重要方法，是提高素质的关键。化学，是从一种角度完善人的思维。

具体地说，学习化学可以了解化学变化的原理，搞清发生在我们身边的许多"为什么"。

比如，千姿百态、陡峭秀丽的奇异景观——溶洞中的钟乳石、石笋、石柱是怎样形成的？学习了化学知识我们就会知道，这是因为碳酸钙和碳酸氢钙在自然条件下的转化，由于石灰岩层各部分含石灰质多少不同，被侵蚀的程度不同，就逐渐被溶解分割成互不相依、千姿百态、陡峭秀丽的山峰和奇异景观的溶洞。

比如，在现代社会中，金属材料的用量越来越大，品种也越来越多。但金属腐蚀的现象也随处可见。例如，自行车长期使用，保护层会渐渐破损，如果暴露出来的金属部件处于潮湿的空气中或被雨水淋湿，就容易发生腐蚀。学习了化学，我们就会知道金属为什么容易被腐蚀，在什么条件下金属更容易被腐蚀，如何保护金属不被腐蚀，甚至我们在掌握了原理后，可以简单自制具有保护作用的氧化膜等。

掌握这些原理，控制反应的条件，使其向着有利于人类的方向发展。因为与生活实际密切联系，可以亲手实验亲眼观察到事物的变化，相信这对于同学们来说是充满吸引力和乐趣的体验，而这种兴趣恰恰是同学们要学好化学的前提和基础。

三、怎样学好高中阶段的化学

高中化学由于知识面广、横向纵向联系多、疑难点密布，许多同学认为化学难学，内容多、杂、乱。也有同学说化学"一学就会，一听就懂，一多就乱，一长就忘"，在考试时很难得高分。这些都体现了许多同学在学习化学的过程中，对化学学科的特点理解不够，学习方法不是十分妥当。化学学科既体现了理科重视实验，重思维推理的一面，又体现了文科强化记忆的一面。了解了这一特点，只要我们在平时养成良好的学习习惯并具备科学的学习方法，学好化学也就觉得很容易了。

学好高中化学需要哪些必需的学习习惯呢？

1. 三种习惯

（1）养成规范使用化学用语的习惯

化学用语是中学化学基础知识的重要组成部分，是传播化学知识的媒介，是掌握化学知识必不可少的工具和手段。化学用语掌握得不熟练、不准确，就很难学好化学。元素符号、化学式的读、写，化学方程式的配平及反应条件，符号的表示，必须强调规范化。

例如，有些同学在书写化学方程式时，容易忽略条件，只写反应物和生成物，这是不可取的。同样都是钠和氧气的反应，在常温和加热条件下的产物分别是氧化钠和过氧化钠，就有很大的区别，不写反应条件就会造成误解。

另外，很多同学记忆方程式时，水分子不是读成氢2氧，而是读作 H2O（英语发音），这样不单单是没有很好地利用化学语言，更重要的是这样记忆方程式只是像背英语单词一样的去记忆，并没有理解方程式的含义，没有明白反应的特点，这样的记忆是瞬时的，过一段时间就会遗忘。

再有就是，近年的高考题越来越重视对化学语言的规范性和严谨性的考查，实验题中经常出现描述实验现象、分析原理，或者设计实验等这类型题，首先的要求便是化学用语的规范性。

因此，平常要经常练习，达到会读、会写、会用、了解它们的化学意义的目的，实现日常文字语言和化学用语的相互转化，形成基本的化学素质。

（2）养成归纳总结的习惯

化学学科的特点，就是内容较多而且比较琐碎，记忆起来很不方便。因此，在学习化学过程中应该养成时刻归纳总结的良好习惯。

比如，在讲到必修1第二章《元素与物质世界》涉及很多的概念，很多同学容易混淆，不知道该如何进行判断。如果在学习完这些概念后，及时进行归纳总结，形成自己的知识体系和框架（见下图），相信再做这类题时就会迎刃而解了。

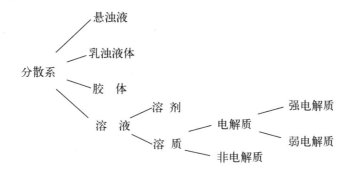

经过一段时间的学习，要对所学的知识进行总结归纳，形成单元、章节知识结构，在大脑中勾画图式。这是使知识系统化，牢固掌握知识，形成学科能力的重要一环。

（3）养成多思多问的习惯

化学学科的特点是知识点比较多，所以很多同学在学习化学的过程中，习惯于简单记忆，知其然不知其所以然，没有养成多思多问的习惯，不会灵活运用知识。

比如，高一必修2，甲烷和氯气的取代反应，大家都觉得简单，可是有几个同学会去想：溴、碘单质会不会与之发生取代反应呢？反应的条件是什么？

乙烯能使紫色的酸性高锰酸钾褪色，那产物是什么？（这个明白了，也就知道为什么乙烯中混有乙烷只能用溴水不能用酸性高锰酸钾了）

为什么我们做题中经常见到用酸性高锰酸钾，而不是中性、碱性，性质又有什么样的区别呢？

乙醇与乙酸反应，浓 H_2SO_4 当催化剂，为什么加入溶液的顺序为乙醇——浓 H_2SO_4 ——乙酸？

（如果把乙醇往浓 H_2SO_4 里倒，后果可想而知，硫酸四溅，必须缓慢地把浓 H_2SO_4 倒入乙醇。如果事先加入乙酸，则浓 H_2SO_4 就很难电离了，不能很好地发挥催化作用。）

在平常的学习中，要不断养成多思多问的好习惯，有助于进一步加深对知识点的理解和灵活运用。只有积极思考敢于发问，才能使自己获得知识，实现由感性到理性的飞跃，因此课上要勤于思考，学会思考，积极参加讨论，敢于发表自己的看法，甚至是争论，以此来锻炼和培养自己的思维能力及表达能力。

要想学好化学，除了良好的学习习惯外，还要有科学的学习方法。掌握了科学的学习方法，学习上就可以事半功倍。

2. 五种方法

（1）观察实验法

以实验为基础是化学的基本特征，课本大多数概念和元素化合物的知识都是通过实验求得和论证的。通过实验有助于形成概念理解和巩固化学知识。

①规范操作

高中化学新课程标准对化学实验知识和技能目标有明确的表述：要求学生了解常用仪器的名称、构造、主要规格和用途；知道常见药品的颜色、状态、浓度和使用、贮存方法；学会基本的操作技能，能对实验所需仪器药品进行选择；初步学会一些综合运用技能，如运用实验方法进行混合物的分离和提纯等。这都要求在实验过程中，学会规范操作，在经常的规范操作中养成习惯。

②认真观察

因为化学实验都是通过现象反映其本质的，只有正确地观察和分析才能来验证和探索有关问题，从而达到实验目的。在实验观察中，要注意观察的有序性、目的性、全面性、客观性、辩证性以及及时记录实验现象等。要正确对实验现象进行描述，弄清现象与结论的区别并进行比较和分析。

③及时完成实验报告

很多同学乐于参加化学实验活动，但却不愿意填写实验报告。完成实验报告，不仅仅只是对已经做过的实验在纸上再现一次，也不仅仅是对实验进行简单的总结和归纳，而是一次将所获得的感性材料（实验现象）升华到理性认识（化学知识系统）的过程：通过对实验全过程的反省和思考，能加深对实验过程的认识；通过问题与讨论，强化对实验原理的深刻理解。

（2）比较分析法

近年来的高考化学，越来越突出主干知识的考查，每个知识点的考查都需要学生们以扎实的知识做靠山。不但要对基本概念基础知识进行区分，掌握其内涵和外延，更要在此基础上对近似题型进行比较，找到相同点和区别点。观察是先导，思维是中心。在比较中学习，在比较中成长，提高学生的观察能力，思维能力，逻辑能力。

①对比数学图像巧解化学试题

化学解题中，往往离不开图像解题。图像具有新颖、简洁、直观的特点，有利于提高分析能力、观察能力、推理能力。

例题1：向含有8克氢氧化钠的溶液中通入一定量的二氧化碳，将所得溶液低温蒸干，得到固体11.2克，求所得产物的成分？

例题2：含8.0 g NaOH的溶液中通入一定量H_2S后，将得到的溶液小心蒸干，称得无水物7.9 g，则该无水物中一定含有的物质是（ A ）

A. Na_2S B. NaHS   C. Na_2S和NaHS   D. NaOH和NaHS

对比图像：

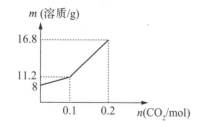 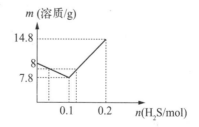

对比分析：两者均为氢氧化钠和酸性气体的反应，但图像走势却截然不同。前者随着二氧化碳的通入，图像呈上升趋势，即一个纵坐标只对应一个

169

横坐标。而后者曲线先下降后上升，当纵坐标 $7.8 < y \leqslant 8$ 时，每个纵坐标对应两个横坐标。

分析结果：例题 1 中成分是碳酸钠和碳酸氢钠的混合物。例题 2 中成分是氢氧化钠、硫化钠或硫化钠、硫氢化钠的混合物。

② 察"颜"观"色"知平衡

随着高考对能力要求的提高，化学平衡问题也在不断地发展变化。由条件暴露型向潜隐型方向发展，综合程度和能力要求不断提高，不仅需要具备扎实的化学平衡基础知识，而且需要培养应变能力。

例题 3：在一个带活塞的密闭容器中，放入一定量的二氧化氮达平衡状态，颜色呈浅红棕色。现将容器体积缩小，则颜色变化＿＿＿＿＿。

例题 4：在一个带活塞的密闭容器中，放入一定量的碘和氢气反应达平衡状态，颜色逞浅红棕色。如将体系体积缩小，则颜色变化＿＿＿＿＿。

对比分析：前者体系体积缩小，压强增大，所有物质浓度都增大，颜色和浓度的大小有关，所以颜色加深，而反应是一个系数不等的反应，平衡向生成四氧化二氮的方向移动，所以颜色又变浅。后者两边系数相等，压强增大，平衡不动，但浓度增大。

分析结果：例题 3 中颜色先变深后变浅，但比初始深；例题 4 中颜色变深。

化学的学习方法很多，对比学习可以迅速提高辨别能力，练就一双"火眼金睛"，在明察秋毫中进步。

(3) 巩固复习法

复习是化学学习的重要组成部分，是进一步获得知识，发展智力，培养素质必不可少的程序。在复习过程中，要针对知识、技能上存在的问题，根据大纲要求和教材的重点，对知识进行整理，使分散的知识点串成线成网，使之系统化，结构化。

很多同学课后做作业时都是边翻笔记边做题，这种方法很不可取，一是过于依赖笔记内容，不清楚自己到底哪些已掌握哪些有漏洞；二是不能将老师讲授的知识变成自己对知识的理解，久而久之，只会是越来越被动，越来越没有自信。所以，一节课下来，应该做一个课堂小结。想一想老师是怎么引入这堂课的，中间是怎样分析的，最后是如何归纳的，弄清来龙去脉。概括出这节课的知识要点，并将它纳入自己的知识体系，以使自己的知识结构融会贯通。间隔一段时间后（最好是一星期左右）要对这一段时间所学内容进行认真的复习，归纳知识要点，找出知识之间的联系，明确新旧知识之间的联系，形成知识结构。具体的复习的种类：新课中的复习、阶段复习和学年总复习。①新课中的复习。这种复习是把与新课有联系的已学知识，在新课学习中进行复习。目的是"温故知新"，从已知引出未知，由旧导出新，及时回忆巩固。②阶段复习。这种复习一般分为单元复习和每章复习。单元复习就是把每章按内容划分为几个单元，每一单元讲完后复习一次。每章复习是在学完了一章内容后进行的，它的作用是把整章进行归纳、综合，可有所侧重地进行，并通过适量的课外练习题进行消化、巩固。③学期复习是在学期期末考试前集中两周时间，把一学期学过的知识进行一次综合复习。

（4）主线串联法

化学知识同其他科学知识一样，也有极强的逻辑性。这种逻辑性体现在知识的前后联系，体现在以理论为主线，以元素、化合物为骨架，循着从实验上升到理论，再由理论来指导认识，以及从结构推性质，从性质定用途这一系列逻辑过程。化学学科看起来知识点杂而凌乱，只要把握住几大主线，还是很容易理清思路的。

例如，元素化合物知识的学习，主要分为金属和非金属两大类，首先掌握他们都有哪些共性，比如说金属的共性：金属具有很好的延展性，良好的导电性、导热性，具有金属光泽、质软，这是物理性质方面的共同之处；另外在化学性质上，一般金属都能与氧气、氯气反应，都能与酸反应，能够置换等。只要掌握了这些性质特点，绝大部分金属的性质都可以了然于胸，然后再掌握分别的特性，比如说钠、钾能与水反应，铝能与碱反应，铁、铝常温下遇浓硫酸、浓硝酸钝化等。

再例如，有机化合物的学习更是强调主线的把握，也就是官能团的性质和结构。只要把官能团和其性质了解得很清楚就不那么复杂了，然后再把反应机理学会就可以了。

有机化合物主要分为两大类：烃和烃的衍生物。线索：烷烃—烯烃—炔烃—卤代烃—醇—酚—醛（酮）—酸—酯

从化学性质看，烷烃的单键结构决定了化学性质的稳定性，只能在一定

条件下发生取代反应；双键、叁键化学性质比较活泼，易发生加成和加聚反应；苯环芳香烃由于苯环结构的特殊性使其具饱和烃和不饱和烃的双重性质，能发生取代和加成反应；甲酸、甲酸酯、葡萄糖，尽管它们不属于醛类，但它们结构中均含有醛基，因此都具有醛的主要性质（如银镜反应等），甲酸从结构看，既有羧基，又有醛基，因此甲酸具有酸和醛的双重性质。

（5）规范答题法

化学学科的课后作业及解题过程也有其自己的规律：①认真审题，明确要求。首先要认真理解题意，弄清题目给出什么条件，需要回答什么问题，也就是明确已知和求解。②回忆知识点，确定解题方案。在审清题意的基础上，回忆有关的化学概念，基本理论，计算公式等化学知识，设计一条解题途径，制订出解题的方案。③正确解题，完美答案。把解题的思路一步步表达出来，注意解题的规范性和完整性。解题结束时，要注意反复检查，以提高解题的正确率。④展开思路寻找规律。这是最后一环，也是大多数同学最容易忽视而至关重要的一个步骤。一道题目做完以后，要结合已做好的题目联系前后的思路，从中悟出带规律性的东西来，就会事半功倍。反之就是做无数道练习题，也达不到巩固知识、训练技巧、提高能力的目的。

需要格外提到的是化学实验的解题方法。化学实验题是高考必考试题之一，化学是一门以实验为主的科学，它研究的是物质的结构、性质、用途和制取。高考化学实验试题旨在考查四大能力，即观察能力、实验能力、思维能力和自学能力。而一道综合实验题既能考查观察能力又能考查实验能力，还能考查运用所学知识解决实际问题的能力；另外，实验题的分值比较大，有较好的区分度。

那么如何能够提高实验题的解题正确率和得分率。首先要有比较扎实的化学基础知识，其次要掌握一定的解题方法。要认真阅读试题，弄懂实验题的目的或要求；分析所应用的化学原理；再分析所给仪器的用途，最后作答。对于实验装置一般应从以下几个方面审题和应答。①反应装置部分需要注意的问题：主要从选用的仪器是否符合试剂的状态，是块状固体或是粉末状固体；溶液试剂的浓度和试剂用量是否恰当；选用的仪器能否加热；选用的仪器的装配是否恰当等方面考虑。②除杂部分：主要从选用试剂是否恰当，浓度是否恰当；连接的顺序是否正确；进出导气管的长短是否正确等方面考虑。③收集装置部分：应从收集的方式是否恰当，采用排液法收集气体时所选液体和浓度是否恰当；选用收集的气体是否符合实际要求；是否构成了一个全封闭系统，有否产生爆炸的危险等方面考虑。④尾气处理部分，应从方法是否恰当；是否会产生倒吸等方面考虑。

3. 一素养

通过化学课程的学习，可以通过探究学会表达和交流，学会与人合作，从中体验活动的乐趣，从而激发学习化学的兴趣，促进学习方式的转变，透过化学的窗口了解自然科学特别是化学科学在社会进步和科技发展中的作用和地位，通过典型物质性质和原理的学习，突出社会广泛关注的问题和自己身边的化学问题，提高社会责任感和使命感，进而形成化学科学素养。

"351"生物学习方法指导

人们常说，语文是百科之母，数学是百科之父，生物则是百科的小儿子。初生小牛不怕虎，生物科学前程远大，发展潜力也很大，是一门前沿学科，你要是研究物理，化学等我认为很难有所作为，而生物有待你进一步发现的领域很多，研究生物就很容易有所成就、有所突破，每年的诺贝尔奖都有生物方面获奖。

在调查中显示，仅有9%的同学对生物学科的性质非常了解；8%的同学有很好的学习生物的习惯；6%的同学掌握了行之有效的学习生物的方法；而71%的同学非常渴望得到老师系统的、细致的方法指导，那么究竟怎样才能学好生物呢？

一、知己知彼，方能百战百胜

要想学好生物，先要对生物学有个很好的认识，俗话说："知己知彼，方

173

能百战百胜。"高中生物学的学科性质极其特殊，不少同学说高中生物应该算是文科才对，大量的概念、定义、生物学现象都是需要记忆的。殊不知，生物的记忆很大程度上是需要理解的，没有活跃的思维，生物是学不好的。换句话说，那就是背下的东西要融会贯通，知道如何去处理，去综合。所以，准确地说高中生物是具有文科性质的理科综合学科。

高中生物要学习必修三个模块和一个选修模块。必修有《分子与细胞》《遗传与进化》《稳态与环境》，我们选修的是《现代生物科技专题》。

《分子与细胞》这个模块的关键词是"细胞"——细胞的分子组成、细胞的基本结构、细胞的物质输入和输出、细胞的能量供应和利用、细胞的生命历程。

《遗传与进化》这个模块的关键词是"基因"——人类是怎样认识到基因的存在的？基因在哪里？基因是什么？基因是怎样行使功能的？基因在传递过程中怎样变化？人类如何利用生物的基因？生物进化过程中基因频率是如何变化的？

《稳态与环境》这个模块是围绕着"个体—种群—群落—生态系统—生物圈"这个主线进行的，条理很清晰。

《现代生物科技专题》这个选修模块的关键词是"工程"——基因工程、细胞工程、胚胎工程和生态工程，都是生物科学目前的尖端研究。

二、提高认识，方能学以致用

生物学是农学、医学、环境科学等学科的基础，社会的发展、人类文明的进步、个人生活质量的提高，都要靠生物学的发展和应用。这真是"小豆芽"力量大，幸福生活离不了。调查显示，74%的同学认为生物学科对我们的生活有一定的影响；55%的同学认为生物学科对于提高整体成绩有帮助。"学"贵在"用"，那么生物学科对于我们的用处究竟何在呢？

我们想象一下未来：若干年以后，我们可以想象，人们可以长命百岁了，那时，当你对自己身上某个器官不满意了，就对医生说："医生，我要换某个器官。"现在做得到吗？如当我们将人的某个基因移植到猪的体内，猪的体内就含有人的基因了，我们就可以用猪的器官来换我们身体的某个器官而不产生排斥反应。

——大家都吃过萝卜和甘蓝吧？萝卜长在地下，甘蓝长在地上，通过细胞融合技术可以将萝卜的细胞和甘蓝的细胞融合，这样同一株植物就可以地上长甘蓝，地下结萝卜，这一技术已经获得成功。那么，若干年后我们是否可以获得这样一种植物：叶子是青菜，杆是甘蔗，顶上结的是水稻，中间结的是玉米，根底下结的是芋头……

我们联系一下生活……

——南橘北枳是因为温度不同。新疆哈密瓜格外甜是因为白天日照长，昼夜温差大，夜晚呼吸作用弱，有机物消耗得少，从而可以大量积累。

——很多学生喜欢挑食，通过生物学知识的学习，逐渐认识到任何一种营养物质缺乏，都可能影响身体的生长发育，不能挑食和偏食。

——妈妈从艰辛怀孕到把我们培养成人，父母为我们付出了很多，我们除了要认真学习外，还要养成爱劳动的习惯，帮父母做一些力所能及的事。

三、善用方法，方能事半功倍

不少人认为学习生物只是记一记，做做题，应付考试很容易。其实，这是一个错误的认识。学习生物，单靠死记是绝不可能学好的。必须根据生物学科的特点，掌握科学的学习方法，才有可能真正学好生物。

（一）三种习惯

1. 观察的习惯

学习过程从本质上说是一种认识过程。认识过程是从感性认识开始的，而感性认识主要靠观察来获得。生物学是实验科学，观察是获得生物知识的重要环节。一次动物园参观或一次野外郊游，有的同学会从中学到不少生物学知识，有的同学则除了高兴了一回外，再一无所获。

① 顺序观察：在生物实验中，一般是先用肉眼，再用放大镜，最后用显微镜。例如，对植物叶绿体的观察，先要观察什么植物含有叶绿体较多、什么器官含叶绿体较多等，选择合适的材料再进行观察。用显微镜进行观察时应先用肉眼看一下标本的位置、大小、形状和颜色，有了大概印象后再放在

显微镜下观察。观察时一般先整体后局部、先外后里，有的还应按对象本身的发展顺序，如"根尖结构"须按"根尖"到"根毛区"的顺序观察。

② 对比观察：这种观察方法有利于迅速抓住事物的共性和个性，从而把握住事物的本质。如观察线粒体和叶绿体的结构时，就要先异中求同：它们都有双层膜，都含有基粒、基质、酶、少量的 DNA 和 RNA。然后再同中求异：线粒体的内膜折叠成嵴，叶绿体的内膜不向内折叠；线粒体有与呼吸作用有关的酶，且酶分布在内膜、基粒、基质中；而叶绿体内有与光合作用有关的酶，而酶分布在基粒上和基质中；叶绿体中有叶绿素，而线粒体中没有。

③ 动态观察：对生物生活习性、生长过程、生殖发育的观察都属于动态观察，动态观察的关键是把握观察对象的发展变化。例如，观察根的生长，在幼根上等距画墨线后的继续培养过程中，重点就是观察各条墨线间距离的变化，从而得出根靠根尖生长的结论。

④ 边思考边观察：观察是思维的基础，思维可促进观察的深入，两者是密不可分的。所以，要带着问题观察，边思考、边观察。例如，观察松树的生长，为什么它会长成宝塔形。

2. 联系的习惯

生物学的理论知识与自然、生产、生活都有较密切的关系。在生物学学习中，要注意联系这些实际。联系实际的学习，既有利于扎实掌握生物学知识，也有利于提高自己的解决问题的能力。

① 联系自然实际

居住地附近的农田、草地、树林、花园、动物园、庭院都会有许多动植物在那里生活生长，学习有关知识时，到这些地方去参观考察，对理论知识的理解和掌握大有益处。当学到生物与环境的知识时，我们应该想到现在的人们对自然资源肆无忌惮地掠夺式地开发和利用，使生物多样性急剧减少，土地沙漠化严重，以至于我们威海都会出现沙尘暴、雾霾的天气。因此，我们应该爱护环境，用我们所学的知识去指导人们如何保护自然资源。

② 联系生产实际

生物学中的许多原理都和农业生产有密切的关系，学习这些原理时，就要考虑它能否帮助解决生产上的什么问题，这样做有利于原理的掌握。如学习了光合作用，我们就可以告诉农民伯伯庄稼的种植要合理搭配种植品种，有利于对光的高效利用；蔬菜大棚应该选择无色透明的塑料薄膜为最佳；阴雨天应该给植物补充光照，而且使用红光灯和蓝紫光灯，植物吸收更好；生长素类似物可以促进扦插枝条生根，我们可以通过设计实验，帮助果农找到最佳的浓度促进生根；学习了种群数量变化的规律，我们可以告诉渔民什么时候开始捕鱼最佳；捕捞后维持在什么水平可以使鱼群尽快恢复；为什么渔业捕捞时要控制网眼的大小等。总之，植物的移栽、嫁接，农作物的灌溉、施肥、剪枝，动物的饲养等，都离不开生物学知识。

③ 联系生活实际

生物学知识与生活实际的关系更直接、更普遍，所以在生物学学习中密切联系生活实际就更为重要。在生活中，疾病影响人们的健康，如艾滋病，我们以往的知识知道了它主要的传播途径，性传播、母婴传播、血液传播。经过高中的学习，我们又知道了一些其他的传播途径，如洗牙、打耳眼、共用剃须刀等，这样我们就可以有效地避免艾滋病的传播。我们又知道握手、拥抱、同餐、蚊虫叮咬等方式不会传播艾滋病，我们就可以给艾滋病人更多的关爱。在日常生活中，往往还会有一些安全事故发生，我们学会安全用药和基本的急救常识，就会减少很多不必要的死亡。总之，生活中处处都要用到生物学知识。

3. 绘图的习惯

我们在使用显微镜观察的时候，要左眼观察右眼睁开便于画图，可见生物中的绘图是非常关键的。光合作用是高中生物中的重点内容，而大家对这一过程的掌握往往会有遗漏，我们将光合作用的过程画出来（见图），那么光合作用发生的场所、阶段、原料、产物、条件、两个阶段的联系等基础内容全部包括在内，同时关于 C_3、C_5 含量的变化，也会很容易地做出判断。

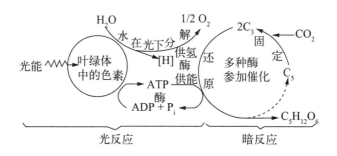

177

（二）五种方法

1. 善于列表比较

比较是认识事物的重要方法，它能揭示事物的本质特点，使我们获得准确深刻的印象，有利于知识的记忆和灵活运用。生物这一科目概念多，难记忆易混淆，而且诸多生命活动之间，都有一定的关系，有的甚至具有对立统一的关系，因此，生物这一科特别适合应用比较法来进行学习。通过找出这些概念和原理之间的异同点进行比较，可以帮助我们把握这些概念的实质，加深对知识的理解和记忆。例如，能量流动和物质循环是生态系统的主要功能，这部分内容我们就可以列表进行比较。

	能量流动	物质循环
形式	主要以有机物形式	主要以无机物形式
过程	沿食物链（网）单向流动	在无机环境与生物群落之间反复循环
范围	生态系统各营养级	全球（生物圈）
特点	单向流动，逐级递减	循环流动（反复利用）、全球性
联系	同时进行，彼此相互依存，不可分割。物质是能量流动的载体，能量是物质循环的动力	

通过这个表格的比较，我们就可以通过不同的方面比较能量流动和物质循环，又可以充分建立起它们之间的联系。

2. 善于串联知识

在生物新课学习过程中，一般都是将知识分块学习。但当学完一部分内容之后，就应该把各分块的知识联系起来，归纳整理成系统的知识。这样不仅可以在脑子里形成完整的知识结构，而且也便于理解和记忆。如：

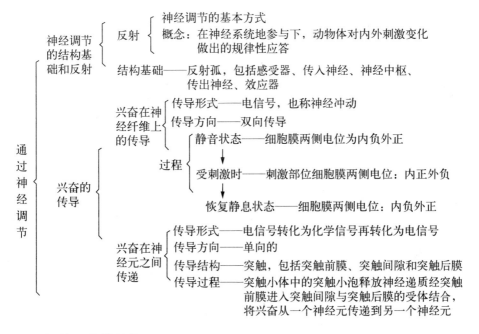

3. 善于寻找规律

规律是事物本身固有的本质的必然联系。生物有自身的规律，如结构与功能相适应，局部与整体相统一，生物与环境相协调，以及从简单到复杂、从低级到高级、从水生到陆生的进化过程。掌握这些规律将有助于生物知识的理解与运用，如学习叶绿体就应该抓结构与功能相适应：

①有双层膜，将其与周围细胞器分开，使光合作用集中在一定区域内进行；

②内部含有多个由类囊体堆叠而成的基粒，极大地扩展了叶绿体的膜面积，有利于酶在其上有规律地排布，使各步反应有条不紊地进行；

③内膜围成的腔内有叶绿体基质，其中分布多种与暗反应有关的酶，是光合作用暗反应进行的场所。

4. 善于先记后思

与学习其他理科一样，生物学的知识也要在理解的基础上进行记忆，很多学生学习生物不懂得要背什么，所以老师给的所有内容全拿来背，可是有49%的同学不爱背，22%的同学不会背。生物学里有很多专有的名词和术语，如肽键和肽链、氨基酸和核苷酸、赤道板和细胞板、细胞质和原生

质层、丙酮和丙酮酸、生长素和生长激素、细胞内液和细胞液、选择性透过膜和半透膜、侏儒症和呆小症等这些专业术语在书写时是一个字也不能错的，所以必须先把它们牢记，只有把这些名词和术语记清楚了，才能进一步加以区分，比如说细胞内液和细胞液，细胞内液存在于细胞内，细胞液存在于液泡中；生长素和生长激素，生长素是植物激素，生长激素是动物激素等。

5. 善于准确解题

解题出错的主要原因是：

（1）审题不慎，只求快，没有弄清题意就作答，尤其不会挖掘题目中的隐含条件；

例题 1：为验证在单侧光照射下，燕麦胚芽鞘尖端产生的生长素的横向运输发生在 A 段而不是发生在 B 段。某同学设计了如下实验步骤，请帮助其完成下列有关实验过程：

① 实验材料及用具：燕麦胚芽鞘，一侧开孔的硬纸盒，薄云母片，光源等。

② 实验过程：给以左侧单侧光照射，在下列图中绘出插入云母片的位置，并在下面用文字说明。

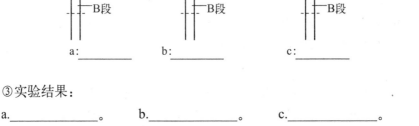

a:_____   b:_____   c:_____

③实验结果：

a._____。   b._____。   c._____。

④ 实验结论：_____

第②题的要求一是绘出云母片的插入位置；二是在下面用文字说明，而很多同学没有弄清题意。盲目作答，在横线上写出了实验结果。第④题对实验结论的描述，题干中已经告诉了大家"胚芽鞘尖端产生的生长素的横向运输发生在 A 段而不是发生在 B 段"，可是很多同学没有发现，只写出了胚芽鞘尖端产生的生长素的横向运输发生在 A 段，而没有写出不发生在 B 段。

（2）粗心大意，只看表面现象，被题目中的干扰因素迷惑；

例题 2：下图是食物关系图。分析并简要回答：

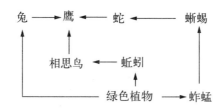

该图是一个简单的 _____，含有 _____ 条食物链。

判断含有几条食物链是一个非常简单的问题，但是在这个题目中出现了一个蚯蚓，这是一个严重的干扰因素，因为我们所学的食物链是捕食链，不包含分解者，这一干扰因素很容易被忽视，而判断有 3 条食物链。

（3）相关或相似的概念混淆不清；

如体液中含量最多的是什么，很多学生往往回答是组织液，可实际上组织液是在细胞外液中含量最多，而不是在体液中，这就是对细胞外液和体液的概念没有区分清楚。

（4）受思维定式影响，想当然地套用生活经验、习惯、做过的习题、权威等"似曾相识"的答案或问题；

例题 3：对于高烧不退的病人，可以采用一些辅助治疗措施来降低体温，下列哪种措施是错误的（　　　）

A.加盖棉被，增加排汗量　　　B.在额头上敷用冷水浸泡过的毛巾

C.适当撤减衣被　　　　　　　D.用酒精棉球擦拭四肢等部位

这个题目的正确选项应该是 A，而很多同学凭借生活经验认为 A 中描述的做法是正确的，而实际是错误的。

在克服这些难题的基础上，还要说一说生物在解题中的一些其他方法。

（1）实验设计题要使用规范的语言

例题 4：为了探究动物体内甲状腺激素分泌的调节机理。某同学设计了如下实验：

知识准备：碘是合成甲状腺激素的原料。甲状腺是合成、贮存、分泌甲状腺激素的器官。

方法步骤：

第一步：取健康雄兔 15 只，注射部位消毒后，分别给每只兔注射适量的放射性碘溶液。

第二步：每隔一定时间用放射性测量仪分别测定每只兔子甲状腺中碘的放射量，记录并计算平均值。

第三步：3 天后，将 15 只实验兔随机均分为 A、B、C 三组。

第四步：向 A 组注射一定量的无放射性的甲状腺激素溶液，向 B 组注射等量的无放射性的促甲状腺激素溶液，向 C 组注射等量的生理盐水。

第五步：每隔一定时间，分别测定三组兔子甲状腺中碘的放射量，记录并计算平均值。

回答下列问题：

指出上述实验方法步骤第一步中的两处不严谨之处：

如果实验步骤第一步改正后，实施整个实验，请你预测最终实验结果：A、B、C 三组兔子甲状腺中碘的放射量平均值从高到低排列的顺序是_____。

找出实验中的两处不严谨之处，这两处不严谨之处其实都是没有遵循唯一变量原则。高中生物涉及的实验基本上都是对照实验，而对照实验的原则就是唯一变量，在强调变量的同时，一定要说出其他条件是相同的。

另外，实验分为探究性实验和验证性实验，探究性实验要将所用的可能的实验结果都写出来，分别得出结论；而验证性实验的结论往往都在题干中，都是肯定的内容。

（2）做题的时候多画图，同学们在做数学题和物理题的时候不也是经常把题画成图嘛，虽然方法不一定相同，但是原理是一样的。

例题 5：画出如下关于有丝分裂的曲线，也可以两条曲线画在同一个图中，那么关于有丝分裂的题目 80% 都可以解决。

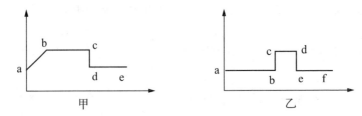

甲　　　　　乙

（三）一素养

通过生物课程的学习，你会发现自己具有了科学的态度和科学的世界观，会像科学家一样的去思考问题、合作学习、提出质疑、探究未知；具有了科学探究的方法和技能，可以提出问题、做出假设、制订计划、收集证据、得出结论、表达和交流科学探究；具有了运用生物学知识解决问题的能力，比如建设生态农业、保护生态环境、发展高端科学……具有了热爱大自然，热爱生命，热爱祖国的博大情怀。

"351" 政治学习方法指导

高中政治学什么？

谈到"政治"，可能很多人会联想到"假""大""空"三个字，认为政治是高高在上的，离我们老百姓很遥远，认为一个国家中最大、最重要的事才叫政治；认为政治就是来说教的、没有实际意义……这些观点都表明有的人对高中政治课程存在一定认识上的误区。下面我们来认识一下高中政治课程。

高中政治一共包含了《经济生活》《政治生活》《文化生活》和《哲学生活》四大必修模块和《国家和国际组织》一个选修模块，《经济生活》《政治生活》《文化生活》分别关注的是社会生活领域的经济、政治、文化现象，《哲学生活》模块是关于世界观和方法论的学问，《国家和国际组织》这一选修模块主要是向我们介绍了活跃在当今世界舞台的重要的国家和国际组织，帮助我们开阔国际视野、树立世界眼光、培养国际思维。

为什么要学习政治学科？

在调查中发现，30% 的同学对学习政治学科没有太大的兴趣，87% 的同学认为对政治没有兴趣的主要原因集中为以下几点：①学科内容枯燥，没有意思；②需要记忆的内容太多，我不喜欢背题；③感觉与生活相离太远，认为学了也没用。由此可见，导致对政治学科缺乏学习兴趣的原因，除了对政治学科内容、体系本身的不了解以外，还有对政治学科的"有用性"认识不

足，以及缺乏有效的学习方法而影响了学习信心有关。那么，学习高中政治学科对我们的学业和将来的生活会有哪些帮助呢？

一、对学业的影响

（一）对高中阶段学业的意义

首先，高中结业水平考试是我们取得高中结业资格的重要一关，这既关系到我们能够顺利毕业，更关系到能否顺利取得高中毕业证书，因为你将来有出国留学打算的，如果没有教育部认证的毕业证书就不能实现这个梦想了。

其次，高中阶段政治学科仍是文科高考中的重头戏，直接影响到文综成绩乃至整个高考的成绩。

（二）对今后学业发展的意义

进入大学以后，不论你报考哪所院校、学习哪个专业，政治学科作为大学的公共科目都必须学。

就考研的角度来说，大学考研时有两门必修课，文科理科都要考的，一门是英语，一门就是政治，在总分达标的情况下，如果英语或者政治的单科没有达到报考学校的要求分数线，同样也不能被录取。不过，考研的复习材料中的大部分观点、理论，甚至做题方法都是我们在高中阶段接触和学习过的，所以现阶段大家认真学习政治学科，可以为你将来的大学学业和考研奠定良好的基础哦！

二、对生活的影响

通过学习《经济生活》《政治生活》《文化生活》这三个模块，同学们可以进一步深刻地认识生活，提升参与生活的素养和能力。比如，当我们学习了《经济生活》第二课《多变的价格》之后，你可以为身边的朋友解释为什么价格多变的原因和价格是怎样影响着我们的生产和生活的；当我们学习了第六课《投资理财的选择》后，你就可以为你的家人提出一个有理有据的投资理财计划了。当我们学习了《政治生活》以后，大家会更加积极地明确地参与到你们社区或者我们政府的管理中。当我们学习了《文化生活》以后，我们更知道以一种怎样的态度对待那些五千年流传下来的文明——不仅要继承，更需要我们去创新和发展。而那门神奇的《哲学与生活》则会以生活中那些生动的案例，以深入浅出的方式让我们感受生活带给我们的智慧。

怎样学好高中政治？

政治课学得不好或者学不好一定是有原因的，在调查中发现，虽然有70%的同学对学习政治有一定的兴趣，但仍有将近30%的同学没有学习政治的兴趣，而在"你认为自己掌握学习政治的方法了吗？"这一问题的调查中，我们发现95%以上的同学认为只是掌握了一点，而75%的同学表示"非常渴望得到老师系统、细致的方法指导"，这证明学习兴趣和学习方法是制约政治成绩的主要因素。那么怎样才能学好高中政治呢？

"三个习惯"

1. 关注时政的习惯

首先从高考的意义上说，每年的高考考题信息全是当年时政的最新材料，如果希望政治拿高分，就必须对高三一整年的时政有比较熟悉的了解。这不仅对做填空题有帮助，对其他题型的成功答题也十分重要。对时政的关注，不仅要了解事件的基本情况，更重要的是要把政治书上的知识点与时政联系起来，这就是政治学科在日常生活中的"操练"。

其次从政治学科的学科特点来说，它本身具有很强的时政性特点，多关注时政不仅有利于拓展视野、开阔思维，同时有利于加深对课本内容的理解，在与时政的结合过程中体会政治学科的价值和意义。

这就要求同学们养成关注时政的习惯，那么怎样形成这一习惯呢？这需要同学们在课外的时候多看新闻节目，比如，由中国中央电视台综合频道和新闻频道每天早晨6点开始直播的《朝闻天下》，中央4套《中国新闻》和《今日关注》，中央2套《财经节目》等。多阅读时政杂志，如《参考消息》《看世界》《中国新闻周刊》等，并养成做笔记的习惯。

2. 主动参与的习惯

学习贵在实践，因为只有在实践中才能更深刻地领会课本知识的精神，而知识只有回归于实践才能发挥其应有之义。高中政治的生活性特征也要求主动参与到生活当中，养成主动参与政治生活的习惯。比如，从当你得知你的某位做生意的亲戚有偷税行为的时候，你可以用所学的《经济生活》《第八

课 财政与税收》的相关知识帮他明白税收是取之于民、用之于民的，让他明白依法纳税是公民应尽的义务，最终自觉诚信纳税；当你知道威海市政府正在就"环翠楼改造"一事征集公众意见的时候，你可以结合《政治生活》中"公民直接参与民主决策的方式"参与到决策中，你可以给政府部门拨打热线电话（5896110）、发送电子邮件（congci2008@163.com）来发表自己的意见、建议；还可以参加政府部门组织的听证会发表意见，行使公民权利，发挥主人翁精神。

3. 辩证思维的习惯

什么是辩证思维呢？通俗地说，我们平时看待事物的时候一般是"非此即彼""非真即假"，而辩证思维则是指以变化发展的视角认识事物的思维方式，在看待事物的时候可能出现"亦此亦彼"、"亦真亦假"的情况，一套动态思维法则，这套法则能很好地适应客观世界运动发展的本质，揭示事物演变进化的自然规律，使人们能在动态中把握事物的变化。

那么如何培养辩证思维的习惯呢？相信大家学习了《生活与哲学》这一模块会有更深刻的理解和体会，进而会慢慢形成辩证思维的习惯。简单地说就是要求我们在看待事物和处理问题时，不是用孤立的、片面的、静止的观点看问题，而是用联系的、全面的、发展的眼光看问题。

"五个方法"

1. 体系学习法

在政治题的考查中，对知识点的考查会有两种形式，一种是考查一个孤立的点，这种题目的难度相对来说不大，我们只需要把这一个知识点记熟了吃透了就行。比如，以下这道题目，如果同学们把教材中"财政的作用"的知识点记熟了，就能从容应付题目。

2011 年以来，随着欧洲主权债务危机的蔓延和美国经济陷入高失业、高负债的困境，世界经济复苏的不稳定性，不确定性明显上升。回望国内，经济增长速度逐季回落，部分企业生产经营困难。经济增速逐级放缓，外部环境复杂多变，出口下滑的形势复杂。"明年主要是要稳住物价，控制货币量突然过速增加。同时，要密切注视国际价格的因素，如油价、粮价等，防止输入性的物价压力。"中央党校教授周天勇说。

上述材料是如何体现财政的作用的？

很多情况下，为了锻炼同学们的综合思维能力，对知识的考查不是孤立的某一个点，而是一个比较系统的面，这就需要同学们在学习的过程中要善于前挂后连，学会构建知识体系。下面我们通过这道题目感受构建体系的必要性以及怎样构建知识体系。

2008 年，大约有 19 名高级官员（其中绝大部分是政府官员）引咎辞职或遭免职问责，这俨然是一场"问责风暴"。这也说明我国的官员问责制更加严格了。国务院总理温家宝表示："2009 年，要选择部分省市和国务院部门开展试点，加快实行以行政首长为重点的行政问责和绩效管理制度。"

结合材料，用所学的《政治生活》知识，说说对政府官员进行行政问责的依据和意义。（10 分）

很多同学看到题目以后会很简单地把"对政府官员行政问责"与"对政府权力进行监督"画等号，结果把答案局限于"为什么对政府权力进行监督"这个点上来。这与审题的草率固然有一定关系，但同时也证明了这部分同学的综合思维能力欠缺，没有把与政府相关的知识点都有效调动出来进行思考和筛选。这时候就需要我们对"政府"的相关知识点有一个全面的、系统的、熟练的把握。

那么怎样构建知识体系呢？这里有不同层次的，现在仍然以政府为例加以说明。

第一种：要点罗列法，即以关键词为核心，围绕其列出所学的重点知识。

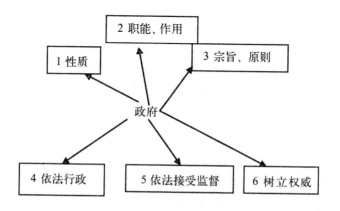

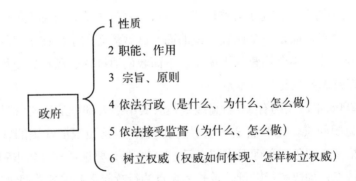

第二种：体系构图法，将重点知识进行一下体系归类，发现知识间的内在联系。

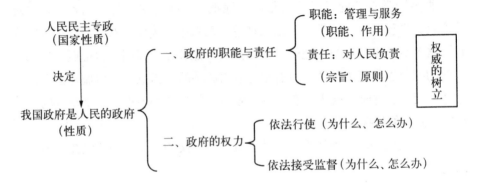

2.联系实际法

"学以致用"，理论只有与实际结合才能生动与鲜活。再加上政治学科本身的学科特点，都要求我们学会运用理论联系实际的方法，一方面有利于加深对课本知识的理解，另一方面又有利于培养和提高运用所学知识分析现实问题的能力。

比如，对于中日钓鱼岛问题争端，我们可以按照不同的模块的知识来理解。

（1）经济生活

经济全球化。中日两国经济互补性很强，两国之间的贸易合作对于各自国家的经济发展都起着举足轻重的作用。在经济全球化和区域一体化快速推进的背景下，只要双方共同努力、排除干扰，就一定能够开创互惠双赢、共同繁荣的局面。

（2）政治生活

国家利益决定国际关系。日本政府不顾中方强烈反对，宣布"购买"钓鱼岛及其部分附属岛屿。这是日方公然侵犯中国领土主权、伤害中国人民感情、损害中日关系的又一严重事态。

我国奉行独立的和平外交政策。中国政府严正声明，强烈敦促日方立即停止一切损害中国领土主权的行为，不折不扣地回到双方达成的共识和谅解上来，回到谈判解决争议的轨道上来。

国际竞争的实质是以经济和科技为基础的综合国力的较量。当今世界已不是列强当道、弱肉强食的世界；当今中国更不是积贫积弱、任人宰割的中国。文明进步、日益强大的中国，早已告别了任人欺凌的时代，中国政府和13亿中国人民决不会坐视领土主权受到侵犯。

（3）文化生活

培育和弘扬伟大的民族精神。用文明法治凝聚爱国力量，将爱国热情转化成强国动力。随着日本"购岛"闹剧引发钓鱼岛事件的升级，数以百万计的全国爱国青年们纷纷上街，抗议日本政府，捍卫国家主权、维护民族尊严。

文化塑造人生。2012年9月18日，全国各地开展主题为"勿忘国耻、爱我中华"的爱国主义教育活动，防空警报在无数城市上空鸣响，"九一八"历史博物馆的警世钟声激荡沈阳全城。

（4）生活与哲学

一切从实际出发，实事求是。钓鱼岛及其附属岛屿自古以来就是中国的固有领土，为中国人最早发现、命名和利用，有史为凭、有法为据，日方声称钓鱼岛是日本的"固有领土"，是罔顾历史事实。

坚持整体和部分的统一。钓鱼岛是中国的，是中国不可分割的一部分，中国人民决不接受日本对钓鱼岛及其附属岛屿的非法侵占。推进中日战略互惠关系符合两国和两国人民的根本利益，有利于维护本地区和平、稳定与发展大局。

3.结网复习法

大家有没有这种感受，当你打开课本的时候发现什么都会，无从复习，但你做起题来又发现什么都似曾相识却又无所适从，这就证明大家对课本的

基础知识掌握得不熟练，或者对很多小的知识点没有引起足够的重视，而这些却往往成为日后学习和考试中的绊脚石，所以需要大家以题目为载体，以点带面展开拉网式复习来扩充知识量，下面举例说明。

例题1：

近3000名全国人大代表肩负全国各族人民的重托，认真履行宪法和法律赋予的职责，审议批准了政府工作报告和其他报告。人大代表依法履行的职责有（　　　）

①行使提案权　②提出相关质询　③审议、表决议案　④制定相关法律

A.①②③　　　B.①②④　　　C.②③④　　　D.①③④

本题考查人大代表的职责，但同学们可以继续追问自己"人大代表的法律地位、产生、义务是什么呢？"，与人大代表的权利最容易混淆的"人大的职权是什么呢？"，这样就着这一个小点就可以串起很多知识点的复习。

例题2：

从《政治生活》角度说明我国政府为什么在南海问题上坚决不妥协？

本题所涉及的知识点有：主权、国家利益、我国的外交政策、政府职能（保障人民民主和维护国家长治久安的职能）、主权国家的基本权利等。这时候同学们可以围绕这些要点展开大面积复习，如：

（1）主权的地位，借此进行细致、准确的记忆

（2）国际关系复杂多变的原因（围绕国家利益的点展开的）

（3）政府的相关知识点（围绕政府职能展开的或者借此对政府的四项基本职能进行深入的复习和比对）

（4）主权国家的权利、义务（围绕主权国家的权利展开的）

（5）我国的外交政策的基本内容

这样借助一道题目就可以带动多个知识点的复习，试想，一份试卷上有25道选择题，4道非选择题，用这种方法复习，并且坚持下去，将会对课本知识更加熟悉，运用得也会更加灵活。

4.有意记忆方法

"记忆"是政治这个学科的主要特点之一，也是学好这个学科的必要条件之一，然而在调查中发现竟然有多达91%的同学认为自己在政治这个学科上最大的问题是"不爱背"，而其实就其"不爱背"的根本原因是"不会

背"，也就是没掌握记忆的要领，所以记忆过程显得"举步维艰"。

（1）关键词记忆法：即提炼出重点词、字等重点记忆，然后将这些点加以串联形成完整的句子。如"国际关系复杂多变的原因"可以这样记忆："多种因素"、"国家利益是决定因素"、"共同……合作，对立……冲突"，这样就把采分点给牢牢抓住了，既既节省了时间又提高了效率和准确度。

（2）联想记忆法：有些知识点的个要点之间没有明确的关联，同学们往往记了上条想不起下一条，这种情况不妨试试联想记忆法。如《经济生活》第四单元有一道题目是我们应对经济全球化的态度是："抓住机遇、积极参与、趋利避害、防范风险、勇敢地迎接挑战"，我们不妨这样联想一下抓机（鸡）的时候要小点声"嘘……"（趋），防止它听到，如果它扑过来，就勇敢地迎接挑战"，这样既增加了趣味性，也有利于记忆的连贯性。

（3）列表对比记忆法：如《政治生活》部分，民主决策和民主监督的方式比较容易混淆，这种情况下可以写出图标进行比较记忆。

民主决策的方式	民主监督的方式
社情民意放映制度	信访举报制度
专家咨询制度	人大代表联系群众制度
社会听证制度	舆论监督制度
重大事项社会公示制度	监督听证会、民主评议会、网上评议政府

（4）协同记忆法：多种感官联动，耳听，眼看，手写，口念，效果可能好些。如人大代表的四项权利，同学们靠死记硬背的方式很难记住，这时候不妨试试这种方法。打乱教材的编写顺序重新排序为：提案权、审议权、表决权、质询权。

分别用对应的动作表示出来就是双手递交、低头审阅、举手表决、一手掐腰一手指人来质询。通过多种感官联动的方式不仅大大降低了记忆的难度，而且会提高同学们的兴趣和学习效率。

先忆后记法，先忆后记法，通常是进行阶段复习或总复习的一种有效方式。"先忆"就是指把所学主要内容、难点内容在脑中逐一闪现，全部回忆一遍。若能顺利、清晰回忆起来，则说明掌握的知识比较牢固。若过记忆

卡壳，或若隐若现，则说明这些知识有待进一步复习。比如在复习《政治生活》第二单元有关"政府"的相关知识点的时候，同学们最好不要像上新课时，打开课本就是一遍接一遍地背，因为复习的过程毕竟不是简单重复所学知识的过程，它需要你更清醒地明白自己在知识掌握上的盲点、弱点和能力上的欠缺之处，有针对性地加以弥补和提高。先在草纸上列一下关于政府都学了哪些重点知识，当发现有所遗漏或卡壳再查阅教材；在此基础上，再分别对其中的每道题目进行先忆后记，比如，"怎样提高政府依法行政的水平？"可以先结合前面介绍的关键词记忆法，试着回忆本道题目的关键词，具体要求（24字），加强立法工作、行管体制改革、行政执法队伍建设、科学决策等，最好在草纸上动笔写出来，这样不仅可以提高效率，也有利于检验自我，做到胸有成竹。

其实记忆方法有很多种，而且在使用中有时候可以根据内容和课型灵活运用，甚至交叉使用，但希望大家都能根据自己学习的特点，找到适合自己的记忆方法，甚至有时，我在同学们记忆时都会开玩笑地说，用普通话背一会儿累了，换威海话，这也是一种记忆的方法。

5. 效率答题法

（1）选择题的答题步骤与方法

①抓住立意。每个选择题只有一个立意，即一个中心思想。因而，看到试题后，认真阅读，并很快地总结出它的中心思想，最好用一句话的形式提取出立意。

②找关键词。一般来说，每个选择题的关键词大多在题干的最后一句话中。例如，范围关键词：经济生活道理、哲学道理、文化生活、政治生活等；内容关键词：措施是什么、制度是什么等；形容词关键词：根本、主要等；动词关键词：表明、说明、体现等。把立意和关键词相结合，对准确做出答案有较大的帮助。

③掌握答题方法。常用的答题方法有：

A. 直接选择法：能够直接从题干和选项中直接把答案准确地选择出来，即"一眼就看出来"。

B. 排除法：排除题干本身错误的；排除与题干无关的选项；排除与题干意思相同重复的等。

C.代入法：就是把选项代入题干相应的地方，进行分析比较，从而得到最佳答案。

（2）非选择题的答题步骤和方法

①细读材料。找出题眼，确定中心，分出层次。读材料时既要把握材料中的显性信息，又要把握材料中的隐性信息。

②审清设问。弄清设问的规定性条件，一般来说要审清考试范围"经济生活、政治生活、文化生活、生活与哲学（辩证唯物主义'唯物论、辩证法、认识论'、历史唯物主义'价值观、人生价值观'）"；审清行为主体（经济生活：国家、企业、消费者、劳动者；政治生活：公民、政府、中国共产党、人民政协、人大等）；审清题型（意义题、依据题、体现题、认识题、评析题、图表题等）。

③找准关联。根据设问要求，确定试题与课本的关联点，选择应采用的知识。

④组织答案。多角度进行分析，分出主次、层次，按"先重点再其他，先观点后材料，先教材再创新"的顺序组织答案，做到材料与知识一体化。

⑤规范作答。答题做到要点化、术语化、条理化、整洁化，忌出现错别字、"菜市场"式的生活化语言、基本知识表达错误、逻辑混乱、条理不清等。

总之，学有法则，学无定法。每个同学在学习这个问题上要不断总结适合自己的学习方法，形成自己的学习习惯，而不要盲目模仿别人，照搬别人的方法。万事开头难，但如果你能够长期坚持做好上述工作，就会培养成一种科学的思维习惯，形成终身学习的能力，使你一生受益。

"一素养"

思想政治学科素养，是指学生通过思想政治课教育及自身的实践和认识活动，所获得的政治理论知识、技能、能力、观念和品质的素养。这种素养主要表现在具有时代精神，有着强烈的集体主义、爱国主义精神，继承和发扬中华民族的优良文化传统；具有社会主义民主法制意识；遵守国家法律和社会公德；逐步形成正确的世界观、人生观、价值观；具有社会责任感，努力为人民服务；具有辩证的思维能力；具有关注社会，关注世界的眼光等。

"351"历史学习方法指导

一、沧海桑田，执掌天地之纲
——明辨什么是"历史"

1. 历史是什么

历史，简称史，一般指人类社会历史，它是记载和解释一系列人类活动进程的历史事件的一门学科，多数时候也是对当下时代的映射。《大英百科全书》(1880年版)："历史一词在使用中有两种完全不同的含义：第一，指构成人类往事的事件和行动；第二，指对此种往事的记述及其研究模式。前者是实际发生的事情，后者是对发生的事件进行的研究和描述。"

2. 初中、高中历史课程区别

(1) 知识方面，初中主要从宏观角度入手，兼顾历史知识的时序性和基础性；高中则更强调历史知识的专题性、综合性。

(2) 能力方面，初中主要在于识记、理解，尤其是识记层面，属于"记忆式历史"；而高中要求则更在于理解和应用层面，主要强调掌握"分析""认识""探讨"的能力，属于"分析式历史"。

(3) 课程体系方面，初中采取了主题＋时序的通史体例，主要以主题的形式，知识体系欠完整，知识结构较散落，通史不通，理论概念模糊。而高中历史新课程采用了模块＋专题的体例，虽有利于提高高中学生综合分析问题的能力，但时序颠倒、跳跃性大，缺乏连续性和系统性，对学生的知识储备也要求甚高。高中历史新课标教材必修模块分三大部分：《政治文明历程》《经济成长历程》《文化发展历程》。

二、物竞天择，重塑唯美灵魂
——我们为什么要学习历史

马克思《德意志意识形态》：我们只知道一门唯一的科学——历史学。

周恩来说得好："历史对一个国家、一个民族，就像记忆对于个人一样，一个人丧失了记忆就会成为白痴，一个民族如果忘记了历史，就会成为一个愚昧的民族，而一个愚昧的民族是不可能建设社会主义的。"

历史学科是一间综合性极强的学科，它的作用主要体现在人生观、世界观、道德信仰和精神意念等方面的建设上。由于历史与现实生活之间存在一段距离，使得历史因没有实用价值、毕业后就业机会少等诸多方面的原因而倍受冷落和歧视。历史作为一门基础学科在传授基础知识、培养学科能力、进行世界观、人生观教育、陶冶情操等方面起着其他学科无法替代的重要作用。

唐太宗说："以铜为鉴，可以正衣冠；以古为鉴，可知兴替；以人为鉴，可知得失。"这就阐明了历史的最高层次的社会功能，即历史的揭示社会发展奥秘、预示社会前进方向的独特功能。可见历史乃治国之学，兴国之学。历史有巨大的育人功能，尤其是爱国主义教育。梁启超说："史学者，国民之明镜也，爱国心之源泉也。"爱国主义是千百年来固定下来的对祖国的一种最深厚的感情，它有着巨大的凝聚力和向心力。在国际竞争日趋激烈和国际环境严峻复杂的形式下，在国家繁荣、民族复兴的过程中，我们迫切需要爱国主义的精神支柱及其巨大的凝聚力来增强公民的民族自信心、自豪感和自强不息的精神，从而为国家的强盛、民族的复兴做出努力。"人"的发展应该是全面的、健康的、和谐的，这是人的自身发展的需要，良好的人文素养能够提高人的个性修养和生存质量，优化人的认知结构，开阔其思维视野，增强人的气质魅力。

三、纵横捭阖，格物致知
——如何学好高中历史

1. 三个好习惯

叶圣陶在《两种习惯》中说："一种好的习惯可以受益终身。"学生历史知识掌握得如何，很大程度上表现为是否养成了较好的历史学习习惯，中学生应养成下列学习历史的习惯。

（1）阅读历史教材的习惯

全读，阅读教科书中所有的内容，如课题、子目标题、正文、注释、插

图、思考题、练习题大事年表等。这是对学习历史知识的总要求。

通读，将教材中零碎、局部的历史通过阅读融会贯通起来。这就要求在读书时要前后联系，因小而大，把局部的知识投入某章、某单元的大范围内联想和梳理。

精读，对教材中的重点内容要进行字斟句酌地推敲和理解，明确教材中所含的主要观点以及说明这些观点的时事，了解知识在教材中的地位。要异读就是在阅读时要把相近、相似的历史事件或历史现象进行比较、鉴别，找出差异，并分析其原因，从而达到准确记忆历史知识的目的。

做笔记，在阅读教材时，要做好读书笔记，把动口、动脑、动手结合起来，调动各种器官的能动性，使大脑处于接受知识的最佳状态。

（2）"听""思""记"的听课习惯

课堂教学是学校教学的主要形式，听课是学生在课堂学习时的一种主要活动，是学生获取知识、信息的重要途径之一。一般来说，一堂历史课所涉及的内容（如历史事件、历史现象、历史过程等）、概念（如历史的时间概念、地理概念、人物概念等）是比较多的，而且往往是一次性出现（如一个历史事件的过程，教师不可能在一节课上重复讲述）。听历史课的方法，可分为"听""思""记"三个方面。所谓"听"，即在听课时要抱着认真的学习态度，集中注意力，及时和准确地吸收教师所讲的内容，尤要关注要点，把握重要之处。所谓"思"，即在听课时要主动进行思考，一方面要对听到的语音、语义等进行辨识，对所传达的信息及时作出反映；一方面还要对信息加以筛选，以吸收有价值的信息：听课的思考也包括考虑是不是听懂了，有没有疑问等自我质疑。所谓"记"，是指在听讲的过程中，在笔记本上做听课笔记。初中阶段的历史课堂笔记，一般是记录板书提纲、基本概念、重要观点等；高中阶段的笔记除了这些，还可对教师讲述的内容选择记录，尤其是一些补充性的内容。笔记的书写要整洁、快速，以便于整理、复习。

（3）及时反思、整理的习惯

整理不是把错题抄写一遍，而是先把和错题相关的知识点整理在自己的错题本上，知识点下面要留有足够的空间，以后和这个知识点相关的错题都整理在这一知识点的下方，这样的反思才有成效，也便于在高三复习过程中及时回顾自己易错的知识点。

例如：

知识点：唐朝三省六部制：（职能、特点、影响）

错题1：《朱子语类》云："唐初：每事先经由中书省，中书做定将上，得者，再下中书省，中书省以付门下。或有未当，则门下缴驳……若事可行，门下即下尚书省，尚书省但主书填奉行，而已。"对此理解有误的是（   ）

A. 体现三省分权制　　　　B. 完善中央监察机制

C. 减少行政决策失误　　　D. 分化相权加强皇权

错题2：有史学家认为，从秦汉开始，官僚体制就是中国制度的核心问题，而这个核心问题，一是官僚的选拔问题，二是官僚体系内部的权力制衡问题，隋唐时期统治者解决"官僚体系内部的权力制衡问题"的重要举措是

（   ）

A. 废分封置郡县　　　　　B. 实行科举制

C. 确立三省六部制度　　　D. 设置中书门下机构

2. 五个好方法

（1）对教材知识自我整理的方法

A. 逐段写出小标题。知道各个自然段主要说的是什么，并用简明的语言加以概括，粗知教材梗概。

B. "抓点、串线、铺面"。在复习中，必须抓住教材中各知识点的联系，把大量分散的、相对孤立的历史知识纳入完整的学科体系之中，形成科学的知识网络，通常采用的方法是"抓点、串线、铺面"。

a. 抓点。如古代选官制度问题，可抓住四个点：①先秦时期的世卿世禄制；②汉代的察举制度；③魏晋时期的士族制度；④隋唐时期形成的科举制度。

b. 串线。"线"是有内在联系的历史事件构成的知识线索。如秦朝的皇帝制、三公、郡县制，隋唐的三省六部制，元朝的行省制度，明朝废丞相、权分六部和清朝军机的设立，这些都是"点"，由这些点构成了中国古代封建专制主义中央集权制度的建立、巩固、加强的发展史。

c. 铺面。"面"是历史某一时期或阶段的全部内容构成的知识整体。从而系统地把握历史知识结构，掌握一个时期或阶段的整体内容，进而捕捉历史的阶段性特征，在解题时才能撒得开、收得拢。

（2）提高历史记忆效果的方法

历史学科的记忆量要求特别大，如何记忆？首先要了解记忆的科学规律，主要有如下几条：

a. 数字代表法：即把某一历史知识通过一个或几个数字概括出来，形成要点。如：中国共产党过渡时期的总路线的内容"进行社会主义工业化，对农业、手工业、资本主义工商业的社会主义改造"概括为"一化三改"。

b. 关键字词法：即抓住某一历史知识的关键字词归纳成要点从而提高记忆效果。如：我们可将近代中国半殖民地半封建社会形成的过程用几个关键字概括为①开始；②进一步；③大大加深；④完全沦为；⑤进一步深化。然后联系几次列强侵华战争的影响：①鸦片战争使中国开始沦为半殖民地半封建社会；②第二次鸦片战争半殖民地半封建程度进一步加深；③甲午中日战争及《马关条约》的签订半殖民地半封建程度大加深；④八国联军侵华及《辛丑条约》的签订中国完全沦为半殖民地半封建社会；⑤近代后期半殖民地半封建程度逐步深化。

c. 思维导图梳理线索法：把历史事件之间的联系用思维导图的形式构建起来，使知识形成一个整体，这样便于弄清历史事件之间的联系，更利于加深对历史知识的理解。

（3）简化概括历史知识的方法

历史知识浩瀚庞杂，要把其浓缩、概括、提炼成简明扼要、要点明确的知识点、知识链才能有效地掌握教材。

A. 抽取要点。即正确选用课本中的关键字词或章、节、目标题，或者用自己的语言精练准确地表达出来，形成知识要点。比如：苏维埃政府实行的战时共产主义政策，可提炼成①收企业；②征余粮；③禁商贸；④配物品；⑤强劳动。

B. 时间作序。即以时间为序来组织知识。如概述"1949年以前中国民族资本主义工业的兴衰过程。简要说明民族资本主义工业在旧中国的历史地位。"此题民族资本主义工业的发展过程按时间顺序勾勒答题提纲：① 19世纪六七十年代，民族资本主义产生；②甲午战争后到一战前初步发展；③民国初年出现"短暂春天"；④国民政府统治前十年获得较快发展；⑤抗日战争、解放战争时期遭受沉重打击。

C.逻辑划块。即按照有关知识的逻辑关系进行分块概括。如中国古代各时期文化发展的原因，可以分析以下方面：①国家统一，政治清明、社会安定；②经济发展繁荣；③民族融合和各民族间的经济文化交流；④对外经济文化交流的发展等。

(4)"一审二读三链接四答"的答题方法

历史习题不管是选择题还是材料题大多数都是以材料的形式展现的，所以掌握材料题的答题方法非常重要。

"一审"就是审读设问，明确问题要求是作好题尤其是材料题的前提。审读设问包括：试题中有几个要回答的问题、每个问题的分值是多少、每个问题的具体要求是什么、问题与问题之间有什么关联等。只有搞清楚了这些问题，才能带着问题去读材料、更有针对性地去解答材料题。

"二读"就是读懂材料，这是作好材料题的基础。一般情况下读材料应读三遍，第一遍粗读，大体了解时间、人物事件等基本内容；第二遍细读，对材料进行去粗去精的简单处理，找出材料的重点地方，甚至画出关键的词句，以便从中提取有效信息；第三遍重点读，即结合前后设问有重点地细读，理解材料与设问之间的关系、材料与材料之间的关系。阅读材料时除了正文之外，还要特别注意提示性文字和材料出处。

"三链接"就是建立材料与教材及相关知识的关系，这是解答材料题的关键。首先将材料所反映的内容与教材相关知识进行联系，判断出材料所反映的历史时期或历史事件，该内容在教材中是怎样论述的，据此而确立答题的大方向。其次将材料与热点问题联系，寻找热点问题和教材的关联点，从而将教材内容与热点结合起来。

"四答题"就是精心作答，这是解答材料题的落脚点。一般而言，作答的方法有三：一是直接引用材料中某些词句来回答。这是指材料的语句本身较为明确地反映了材料的内容，又符合设问要求。二是根据材料反映的中心问题直接从材料中寻找答案。找到材料与教材的关联点后，可根据设问联系教材的相关的结论，并以此为切入点组织语句作答。三是根据材料概括提炼，列出答案，既不用教材内容直接作答，也不照搬材料原句，用自己的语言陈述自己的观点，做到史论结合，论从史出。

组织答案要注意：

①要点化：文综历史非选择题高考阅卷一般都是按答案要点给分的，因此，在组织答案时，首先要量分确定答案要点，文综历史科一般一个要点2～3分。例如：

2015年全国新课标卷Ⅰ阅读材料，完成下列要求。

材料一

在历史中，儒学一直在发展与创新。唐代韩愈以周公、孔子的继承者自居，排斥佛、道，鄙薄汉代以来的儒学，认为周公、孔子之道在孟子之后中已经断绝。他在《原道》中说："斯吾所谓道也，非向（先前）所谓老与佛之道也。尧以是传之舜，舜以是传之禹，禹以是传之汤，汤以是传之文、武、周公，文、武、周公传之孔子，孔子传之孟轲。轲之死，不得其传焉。"他的这一主张被宋代儒者接受并发扬。当代学者认为韩愈开了宋代"新儒学"的先河。

——卞孝萱等《韩愈评传》

材料二

19世纪末，康有为撰写《新学伪经考》《孔子改制考》二书，认为汉代以来儒者奉为经典的《周礼》《左传》等书，是汉代学者为王莽篡汉而伪造的，影响恶劣，导致"中国之民，遂二千年被（遭受）暴主夷狄之酷政"。他主张回归孔子所编定的《诗经》《礼记》等原典，理解真正的儒学精神。在他看来，孔子是一位伟大的改革家，《春秋》便是孔子为"改制"而创作的。他甚至用西学来解释《春秋》，认为《春秋公羊传》中的"三世"说"始于据乱（世），立君主；中于升平（世），为立宪，君民共主；终于太平（世），为民主"。

——张海鹏等编《中国近代史》

根据材料一、二并结合所学知识，指出韩愈、康有为关于儒学认识的共通之处。（8分）

这一问号共8分4个要点。每个要点两分。回归原典、回归孔孟；否定后人的附会、杜撰之说；主张探寻儒学的精神实质；借助儒学为现实服务。

②序号化：文综高考历史非选择题（材料解析题）每一问都有1～4个答

案要点，所以，要求考生组织答案时把每一大问的答案要点用序号标明，以便阅卷老师迅速阅卷和判分。

③提示语：材料题每一小问中可能会有两个或者多个问题，在组织答案时要先写清提示语。这样便于阅卷老师清楚地看到每个问题的答案，也可避免漏答，并且卷面整洁。

（5）隐形知识学习方法

隐形知识是指潜藏于历史课本中不易为人注意而高考中又常考到的知识。全国卷高考要求学生历史知识广度要大。我们平时应该利用好教材中的隐形知识。

A. 目录标题中的隐形知识

这类知识、隐形于中学历史各册教材的目录或章节标题之中。如必修 1 第 1 课中国早期的政治制度。早期指的是先秦时期。

B. 导言中的隐形知识

课本中的单元导言和课时导言中隐含着大量的信息。通过单元导言我们可以了解到本单元的框架，同时可以清晰地看到本单元各课时之间的联系。而课时导言中更多地隐含了和本课内容有关的背景，而这些背景在前面的学习中多半都没有学习，如必修 3 第 1 课的课前导言中就介绍了商周时期的教育情况。这些内容在整个高中历史课本的正文中是没有涉及的，但是对于学好第 1 课又非常有帮助。

C. 插图中的隐形知识

通过图案插于课本，形象生动地强调该史实的重要性，减少了课本冗长的文字表述，因而也造成了学生所忽视的隐形知识。如"大总统誓词"中的民国元年，就是指 1912 年。如"西周分封示意图"中就隐含了哪些是王族的封国，哪些是功臣的，哪些是古代帝王后代的。

四、一素养

通过高中历史的学习，了解我们祖国的优秀文化遗产，了解我们辉煌的古代、屈辱的近代、奋进的现代，增强学生对我们祖国的热爱之情。

通过高中历史的学习，了解不同国家、不同民族的发展历程；让我们更

完整地认识世界和人类的发展，学会用发展的眼光来看待问题；让我们更加理性、睿智地处理问题。

通过高中历史的学习，领略从古到今的各种成功、失败，各种辉煌与落魄，让我们的人生阅历更加丰富，让我们的文化底蕴更丰厚，让我们透过历史看到未来，让我们的视野更开阔，胸怀更博大。

"351"地理学习方法指导

一、你了解地理学科吗？

地理是研究人类与地理环境关系的科学。人类发展离不开我们赖以生存的地理环境。地理学科引导我们去认识环境，教我们怎样去适应环境，改造环境，使人类与环境协调发展，因而也是我们学习生存的科学，是我们生活的工具，是每一个公民必需的素质。时至今日，地理科学在社会主义建设中，已成为国土规划、合理布局工农业生产、政府决策的重要理论依据。《21世纪议程》所强调的协调人口和资源及环境的关系，也离不开地理科学。

高中地理的学习内容主要由自然地理、人文地理和区域地理三大部分构成。自然地理主要以组成地理环境各要素的运动为核心，揭示基本的自然地理过程和规律，如自转和公转、大气圈与天气气候、洋流、整体性和差异性等。人文地理以人类活动为核心，分析人类活动（人口、城市、工农业和交通等）与地理环境的关系。区域地理以区域发展中面临的问题为核心，探究问题发生的原因、过程、结果和对策，体现了区域可持续发展的思想。

二、我们为什么要学习地理学科呢？

1. 开阔你的眼界，增加你的见识

"读经传则根底厚，看史鉴则议论伟，观云物则眼界宽，去嗜欲则胸怀

净。""观云物"是使眼界宽广的一种非常重要的手段方式，形容一个人学识渊博往往是说"上知天文，下知地理"。宇宙的奥妙，海陆的变迁，气候的异常，资源的开发，工业的合理布局，农业的因地制宜，人口的合理增长，环境的有效保护等，都是地理学科研究的内容；航空航天、南极探险、边贸洽谈、中东战乱、三峡工程、经济发展、"五一"旅游、拉闸限电……无一不与地理有关。学地理就是在走世界，看世界，是一件多么快乐的事情啊！

2.丰富你的知识，方便你的生活

如小说《三国演义》大家都喜欢看，通过罗贯中我们可以看到一幅立体的战争的画卷。没有足够的地理素养，罗贯中先生的小说是不会这样有吸引力的。书上说，韩信用兵妙，孙子用兵妙，这些都得联系地理知识才能理解怎么个妙法。从哪里走，走到哪里，在哪里埋伏，为何这么埋伏，联系上了地图才知晓这仗为啥打得漂亮。

如你到野外探险，迷路的时候可以通过手表、星星或植物来判断方位；根据地形、地面干湿情况或植物的生长状况来寻找水源；根据地形、河流状况和天气知识来正确选择露营地等。

如你喜欢看NBA，你知道很多球队的队名都与球队所在地的地理环境、经济特征、人文历史联系密切吗？菲尼克斯太阳队，菲尼克斯是美国西南部亚利桑那州的首府。该州深居内陆，与北回归线接近，常年受副热带高压带控制，盛行下沉气流，加之受加利福尼亚寒流的影响，降水稀少，热带沙漠广布，阳光充足。以"太阳"为队名与当地所处的地理环境相一致。迈阿密热火队，迈阿密位于佛罗里达州最南端，紧靠北回归线，西临墨西哥湾，属于亚热带季风性湿润气候，四季温暖宜人，是美国著名的旅游胜地。"热火"正是当地气候特征的生动描述。

3.拥有地理智慧，形成科学的地理观

地理智慧主要指人与自然相处的智慧和人类自身生存的智慧。学习地理，重要的是可以给人们装上一个"地理头脑"，教会人们用地理的思想和方法来看待世界，更科学地选择、安排生活和生产，指导人类理性地生产和消费。在对物质资源的消费方面，呼吁人类改变旧的思维方式和生产、生活方式，放弃高消耗、高增长、高污染的粗放型生产方式和高消费、高浪费的生活方式。

三、怎样才能学好地理?

很多高中学生进入高中后，会觉得地理很难学，原因是高中地理与初中的区域地理内容相差很大，初中所学知识多为"是什么，在哪里，有什么?"，记住，背熟就行。例如，初中中国地理学习中，你要知道的是诸如"中国有哪些省级行政区? 这些省级行政区的名称与简称分别是什么? 它们都分布在哪些地方? 这些省级行政区工农业生产都有些什么特点?"之类的问题。而高中所学知识是"为什么""怎么办"，侧重地理原理和规律的理解、迁移和应用，地理事物和现象的成因分析以及某区域的可持续发展战略与措施的研讨。例如，高一上册的自然地理，主要要求学生掌握自然地理环境各要素的形成、变化、发展规律以及自然地理环境的整体性与差异性的特征，学习时要求学生有较强的理科思维，理解难度大。因此，在高中地理的学习过程中，应该与初中地理有不同的学习方法。

三个习惯:

1. 养成运用地图的习惯

地图是客观事物的反映，它表达了丰富的地理信息，学生通过思考各种信息的相互关系，可以提高解决综合问题的能力。它包括会在地图上查找地理事物和地理区域的方位、范围和基本环境状况；会通过地图上反映的地理事实数据、掌握地理事实的特征、分布规律和因果关系；会填绘简单的地图，反映地理事物的分布和联系概况。地理课本中有地图（或图表、资料），另外，还有地理图册。在学习地理时经常用图，便可养成用图的习惯。俗话说，熟能生巧，学生在读图用图的过程中就会摸索出一套读图的方法。

地理内容纷繁复杂，但几乎所有的地理知识都源于它在相关图上的位置。学习时要做到看书与看图相结合，将地理知识逐一在图上查找落实，熟记；平时要"图不离手"（每次看几分钟也行），把地图印在脑子里，并能在图上再现知识。这样，当我们解答地理问题时，头脑中就能浮现出一幅形象、清晰的地图："地球运动""大气分层""山河分布""洋流流向""国家位置""铁路干线""工业中心"……于是，我们就可以从中准确而有效地提取需要的信息，从容作答。有的同学可能会认为，看图太费时间，不如看书来得快。殊不知，落实到图上的知识印象深刻，经久难忘，便于运用，避免了死记硬背文字造成的多次重复耗时，枯燥无味，知识容易张冠李戴等弊病。因而从整体效果上看，图文结合实际耗时并不多，效果却很明显。同学们学习地理，应该养成读图用图的习惯，培养读图用图的能力，只要胸有成"图"，定能事半功倍。

（1）重视地理位置的阅读

读出图中地理事象的地理位置，是最基本的读图内容和读图要求。运用地图记忆地理知识是最准确、最牢固、最有效的记忆方法。地理内容纷繁复杂，但几乎所有的地理知识都源于它在相关图上的位置。地理学习离不开地图，地图在地理学习中起着决定性的作用。地图可以把似乎零散的地理事物归结到图中进行综合归纳，条理化，能够清晰地呈现出地理知识的规律性，易于被学生接受掌握。这样，学生学起来感到轻松自如，从而激发了学生的学习兴趣，树立了学习信心。所以，学生对地图掌握得好与坏，直接影响到学生的学习成绩。当然，智力因素也占一方面，但在智力相同的条件下，读图能力较强的学生，他的地理成绩就比读图能力差的学生好，而且读图能力强的学生对知识掌握得准确、扎实、永久。

（2）将不同内容的地图对照起来阅读

学地理不光是记忆，还要认识各地理要素之间的联系，分析地理事象相互之间的关系。将一个地区或一个国家的各种地图放在一起读，"叠加"起来读，能了解和掌握一个地区或一个国家的地理特征，理解其成因。

（3）在读图中注意地理事象之间的联系，注意通过读图发现问题。各种地理事象之间的联系在同一幅图中也有体现，读图时要注意发现和探究。

（4）填图和绘图

通过地图掌握地理事象的分布，填图是不可少的。做填图题要注意的是，不能照着有关图抄，而要默填，做到看书不填图，填图不看书，才有好的效果。

比起填图，动手绘地图的效果更好。绘地图可以用现成的轮廓图，也可以自己画简单的轮廓图，然后在图中填画其他内容。较复杂的地图，可用薄纸印图，然后填注相关内容。最后将自己所绘地图装订册，建立地图学案，以备复习使用。

2. 养成实际应用的习惯

在同学们的日常生活中，存在着许多的地理问题；同时，当今社会中的许多热点问题，如人口、资源、环境、可持续发展等，也与地理环境密切相关。我们要有一双善于观察的眼睛，有一个勤于思考的头脑，注意观察生活中的地理现象，要善于发现身边的地理问题，要养成运用所学的地理知识解释生活现象，指导生活实际的习惯；探究生活中的地理问题，就会学到更多的地理知识，使所用的知识在实践中得到巩固和深化，同时也可以增强你学习地理的兴趣。

(1) 注意观察地理现象，在生活中学习地理知识

例如，每天新闻联播之后的天气预报都会通过卫星云图来预报天气，你就运用一下你学到的天气系统的知识。2012 年，中国出现了大范围长时间的雾霾天气，对我们的生产生活影响很大。我们就可以用地理知识中的逆温、大气污染等知识来解释。

(2) 用所学的地理知识去解释生活中的现象

夏季，全国从南到北气温都非常高，但我们威海地区却清爽凉快。这是为什么呢？我们学过大气圈与天气气候，知道夏季陆地比海洋增温快，植被也可以起到调节气温和湿度的作用。威海地处温带，受海洋、山林的调节作用，夏季增温慢。

(3) 密切关注国内外重要地理时事

这些重大事件都和高中地理课有紧密联系，也是地理高考及其他学科高考命题的素材，近些年高中进行素质教育，高考更注意与国内外重大事件结合起来命题。如 2000 年考了巴拿马运河、关贸协定和可持续发展等当年的热点问题；2001 年考了巴以问题和沙尘暴等当年的热点问题；2002 年考了世博会和中亚等当年的热点时事；2003 年考了海洋法、国土管理和三峡工程等热点问题；2004 年考了臭氧层空洞和"神舟五号"飞船等热点问题；2005 年考了印度洋特大地震和海啸。2005 年印度洋发生海啸时，及时了解动态并与课本相关知识进行联系，不仅可以提高你学习地理，发现地理问题和解决地理问题的能力，也有利于高考成绩的提高。

3. 养成先思后记的习惯

许多同学认为地理是文科，尤其是人文地理和区域地理直接背诵就可以

了。其实这种想法是非常错误的，直接的死记硬背根本无法记住庞大复杂的一个学科的知识点。其实，很多题目的答案是非常有规律和原因可寻找的，在记忆每一道题之前一定要先思考，思考这道题的答案为什么是这样的，通过思考之后的背诵是总结与归纳，不仅能让你的记忆更持久，而且可以培养你的答题思路。

例如，城市内涝产生的原因和措施？内涝即积水，也就是排水通道和下渗出现了问题，那措施也就是如何增加排水量和下渗量。

例如，分析东北地区的农业发展条件？或者换成长江中下游地区、四川盆地等地，再或者换成亚洲水稻种植业的区位条件，东北商品谷物农业的区位条件等题目。这些题目的回答都要以"农业区位的影响因素"为基础，结合各地条件的优缺点来回答。

五个方法

1. *读图分析法*

种类繁多、数量巨大的地图是地理课区别于其他学科课程的突出特点，于是有人说，"没有地图就没有地理学"。

（1）养成良好的读图、用图习惯

要知道地理知识不仅存在于课本的文字当中，也蕴含于地图之中。在地理学习中，我们要做到左图右书，注意随时运用地图，查阅地图，善于从地图中发现地理知识，寻找地理规律。长期坚持下去，你就能够做到眼中有字，心中有图，文字和图像有机结合在一起，形成正确的空间想象。

（2）要掌握正确的读图方法

读图要注意先后顺序，先看图名、图例、比例尺和方向，知道该图表现的主要内容、范围等，再观察图的具体内容。观察要仔细全面，不要漏掉每一个信息。

（3）训练自己的画图能力

画图来记忆和解决地理问题是提高你地理能力的有效手段。

自然地理是很多同学觉得难度很大的部分。尤其是地球运动的地理意义和大气圈与天气气候两大章节更是不少同学难以攻克的"堡垒"。这两部分都可以通过画图来掌握，如地球运动的地理意义，你要熟练地绘制二分二至时侧视和俯视的光照图、地球公转示意图。天气与气候你要熟练绘制大气受

热过程图、三圈环流图、不同的天气系统图等。

区域地理也可以通过绘制简单的地形图、经纬度分布图等将知识点落实到图中。

2. 地理记忆法

地理知识丰富，涉及的范围也广，很多同学乐学地理，但又害怕记忆地理知识。这时候我们可以通过一些具有地理学科特色的方法来进行记忆。

(1) 分层深色记图法

在读图时，不仅仅是观察地图，还可以根据需要用彩色笔进行勾画涂抹。在"非洲气候带分布图"上就可以将热带沙漠气候区用红笔涂色，将热带草原气候区用黄笔涂色，将热带雨林气候区用绿笔涂色等。又如在"我国年降水量分布图"上将＞1600毫米、1600～800毫米、800～400毫米、400～200毫米和200～50毫米的不同降水的区域涂上不同的颜色，那么关于非洲气候分布特征和我国年降水量分布规律的知识会深深地印在你的脑海中。这样记忆肯定是深刻的。

(2) 谐音记忆法

是指把需要记忆的地理知识通过谐音组合到一块，然后联想创造出一种意境的记忆方法。对于难记忆的地理知识利用谐音联想记忆，便于想象，能极大地调动自己的积极性和兴趣性，收到"记中乐，乐中记"的艺术效果。

讲到黄河和长江时，怎样记住黄河和长江流经的省区呢？"青川甘宁内蒙古，山西陕西豫和鲁""青藏川滇，渝鄂湘赣，皖苏沪"。

地图辨方向：

地图方向辨，摆正放眼前；上北下为南，左西右东边。

标图易分辨，经纬网较难；经线指南北，东西纬线圈。

极地投影图，定向较特殊：对于北半球，心北四周南；

北纬圈东西，自转反时走。对于南半球，心南北四周；

南纬圈东西，自转顺时走。

(3) 形象联想记忆法

是把所需要记忆的材料同某种具体的事物、数字、字母、汉字或几何图形等联系起来，借助形象思维加以记忆。形象联想既有利于激发兴趣、调动学习的积极性，又有利于加深记忆。如新疆的地形特征可与新疆的"疆"

的右半部分联系起来，"三横"表示三山即阿尔泰山、天山和昆仑山"两田"表示两大盆地即准噶尔盆地和塔里木盆地，又如意大利的轮廓图像高跟靴子。

如记忆我国省区的形状：黑龙江省像只天鹅，内蒙古自治区像展翅飞翔的老鹰，吉林省大致呈三角形，辽宁省像个大逗号，山东省像攥起右手伸开拇指的拳头，山西省江西省像平行四边形，福建省像相思鸟，安徽省像张兔子皮，台湾省似纺锤，海南省似菠萝，广东省似象头，广西壮族自治区似树叶，青海省像兔子，西藏像登山鞋，新疆像朝西的牛头，甘肃省像哑铃，陕西省像跪俑，云南省像开屏的孔雀，湖北省像警察的大盖帽，湖南江西像一对亲密无间的伴侣……

3. 纵横分析法

(1) 纵向串联

地理的单个知识点之间往往存在着纵向归纳、演绎、递进联系。我们可以从一个关键要素出发，单个知识串起来，如当你看到北美洲西高东低的地形图时，就会联想到这样的地形使北美大陆形成了什么样的气候类型分布规律，而从气候类型的分布又会联想到气压带风带的分布规律等。如当你看到"分析东北地区农业发展的区位条件"这样的题目，你首先会向前思考"农业区位的影响因素"，横向思考"长江中下游、青藏地区、西北地区农业发展的区位条件"，向后串联"东北地区工业布局及区位条件"等等。

还可以根据地理的"时间线"和"空间线"来前后串联知识点，这种方法在高三复习时更加有效。中学地理"时间线"可以是日期（如二分二至日）、月份（如1月、7月），也可以是季节、年纪、地质年代等。通过时间线能把同一时间在不同空间发生的地理事物和现象联结起来。如以1月份为线，可联系：太阳直射点在南半球—地球在公转轨道上位于近日点附近—地球公转速度较快—北京昼短夜长—悉尼昼长夜短—智利圣地亚哥炎热干燥—希腊雅典温和多雨—巴西高原一片葱绿—北印度洋呈逆时针方向流动—东亚盛行偏北风等等。中学地理"空间线"主要有：经纬线、地理分界线、河流、山脉、海岸线、交通线、工程线、旅游线等，通过这些线可以把它们所经过的国家、城市、港口、地形区、气候类型、自然带、工农业区、名胜古迹等

串联起来，这些线既可以串"点""面"，也可以串"线"。由于以时空为线，能使高中地理和初中地理、自然地理和人文地理、系统地理和区域地理等地理知识纵横串联，所以对地理学科内综合能力的培养有事半功倍之效。

（2）横向比较

将所学的知识进行横向类比，找出知识间的异同，将知识链进而串成知识网。比如，等高线、等压线、等温线是三个不同的地理概念之间就存在着横向的类比相似性，可进行归纳比较。

通过对地理事物和现象的比较分析，能较好地反映学生地理学科内的迁移、整合知识的能力。因此，在近几年的高考试题中，无论是文综卷还是地理单科卷，地理比较题都年年出现：如"日本"和"英国"的比较，"北美温带海洋性气候"和"欧洲温带海洋性气候"的比较，"印度"与"意大利"的比较，"中国西部"与"美国西部"的比较，"上海"与"巴黎"的比较，"越南"与"智利"的比较等。所以，在高考地理复习中，尤其是区域地理的复习，应加强相关区域的对比分析，归纳区域特征，明确区域差异，借鉴区域发展成功经验，从中发现问题，并结合实际分析解决，以锻炼思维，培养能力，迁移拓展所学知识。

学习地理可以按照以下列出的 5 个问题，进行思路整理，以黄河及其水文特征为例：

——"学什么"（黄河及其水文特征）

——"在哪里"（黄河流经的省区和流域范围）

——"为什么"（黄河的水文特征是怎样形成的）

——"有何利弊"（怎样评价黄河对我国北部地区提供的有利条件和不利条件）

——"怎样协调好人地关系"（怎样使人类与黄河的关系协调起来，应当怎样合理利用改造）

4.归纳总结法

地理教材所涉及的内容具有范围广、信息多等特点，所以养成随时归纳总结的习惯十分必要。最好准备一个专门的笔记本来进行归纳总结。

（1）建立知识框架

课堂上学习的新授课知识，在课后可以尝试通过回忆的形式从记忆中提取有效信息来建立知识框架。理清本节课的知识脉络，明确本节课的重点和难点。

如：必修二　第一单元　第一节　人口增长及人口问题

1. 人口增长模式 各阶段：名称、模式、特征、出现时期、原因、目前分布 2. 不同国家人口问题及影响 发展中 发达 3. 老龄化 定义： 发达国家出现的原因及影响	

（2）归纳重点知识点的典型例题

知识点的进一步理解与变形往往在习题中出现。可以随课堂学习，在笔记本上专门列出重点知识点，然后随时将练习中遇到的典型例题在知识点之后记录好页码和题号，也可简单写写问题。复习该知识点时紧跟典型例题的复习，效果会加倍。

如：必修二 第一单元 第一节 人口增长及人口问题

1. 人口增长模式 各阶段：名称、模式、特征、出现时期、原因、目前分布	作业 1 2—5、11
2. 不同国家人口问题及影响 发展中 发达	
3. 老龄化 定义： 发达国家出现的原因及影响	作业 2 32 我国老龄化原因、影响 1—3 性别比

（3）归纳总结地理规律

同一类型的地理知识进行描述的角度和方法，具有很大的相似性和规律性。要注意归纳总结。

例如，描述一个国家或一个地区的气候特征，往往要从气温和降水两个方面来加以说明。而气温又包括年平均气温、年温差和气温的分布等内容；

211

降水主要是由年降水量、降水的时空分布所组成的。

例如，世界地理中我们是按分区学习的。每一个分区都是先学习自然特征（地理位置、地形、气候、河流等）后学社会经济特征（农业、工业、城市、产业结构等）。在复习时，你就可以自己建立一个表格，如：

地区	地理位置	范围	地形	气候	河流和湖泊	（其他）
亚洲						
北美洲						

自己总结规律对比记忆。对世界地理中的重点国家也可以列出这样的表格来归纳总结。

（4）归纳专用名词

地理有很多专用名词很类似，而且一般老师不会专门对比讲解。所以，在习题中出现的时候要及时归纳总结。如农业地域类型、土地利用类型与农业分类；天气与气候；地质作用、地质构造与地形地貌等。

5. 规范答题法

凌乱无序的答案很难让评卷老师找到得分点，所以地理综合题的规范答题十分重要。

第一步：审问题，看清问了几个问题，注意做好标注。

例：据图分析我国人口分布的特点，十年间其发展的趋向及其原因

一句话提出了三个问题，那你首先就要注意在答题区域写答案时先要标注清楚

特点：

趋向：

原因：

第二步：看材料、图表，找到与该问题相关的已知条件，可用笔画出。

第三步：回忆知识点，思考出题人想考查的知识点是什么，找出答题方向。

第四步：得答案，综合知识

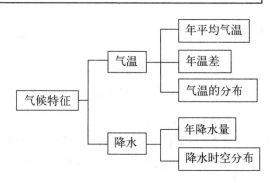

点和已知条件，按规范答题的标准写出答案。要求：书写干净整洁，答案排列有序，分段亮行，重点突出，多用地理术语，语言简洁明快。

一素养

通过高中地理课程的学习，我们学会用地理的眼光来终身欣赏和认识这个世界，学会综合地看待问题、动态地分析问题、用发展的眼光来研究问题，把握分析问题的空间尺度。通过高中地理课程的学习，我们培养了空间定位能力、空间分布格局的觉察能力、地理特征的分析、比较和概括能力、地理过程的简单预测和合理想象能力、地理因果关系的分析和推理能力等等。这些能力对于我们未来参与区域规划和国土整治，做出行动决策具有重要的作用。